关键对话

重要时刻高手这样说

李世化 ◎ 著

中华工商联合出版社

图书在版编目(CIP)数据

关键对话：重要时刻高手这样说 / 李世化著. —北京：中华工商联合出版社，2023.5
ISBN 978-7-5158-3636-2

Ⅰ.①关… Ⅱ.①李… Ⅲ.①语言艺术–通俗读物 Ⅳ.①H019-49

中国国家版本馆CIP数据核字（2023）第058125号

关键对话：重要时刻高手这样说

作　　者：	李世化
出 品 人：	刘　刚
责任编辑：	胡小英　楼燕青
装帧设计：	华业文创
责任审读：	付德华
责任印制：	迈致红
出版发行：	中华工商联合出版社有限责任公司
印　　刷：	三河市华润印刷有限公司
版　　次：	2023年5月第1版
印　　次：	2023年5月第1次印刷
开　　本：	710mm×1020mm　1/16
字　　数：	160千字
印　　张：	16
书　　号：	ISBN 978-7-5158-3636-2
定　　价：	48.00元

服务热线：010—58301130—0（前台）
销售热线：010—58302977（网店部）
　　　　　010—58302166（门店部）
　　　　　010—58302837（馆配部、新媒体部）
　　　　　010—58302813（团购部）
地址邮编：北京市西城区西环广场A座
　　　　　19—20层，100044
http://www.chgslcbs.cn
投稿热线：010—58302907（总编室）
投稿邮箱：1621239583@qq.com

工商联版图书
版权所有　侵权必究

凡本社图书出现印装质量问题，请与印务部联系。
联系电话：010—58302915

前 言
PREFACE

你有没有遇到过这些情况：群里聊得正嗨，你一句话瞬间让大家沉默；热情的招呼之后，接下来相顾无言；陌生人主动搭讪，你的回应让人望而却步；别人难过时，你的安慰让人心如刀绞……不会接话的人，总能分分钟把天聊死。

当身陷尴尬和冷场时，你需要找的是一个破冰话题，激活聊天气氛。除了天气变化，你也可以聊聊当下的热点。实在不知道聊什么，那就聊吃的，美食的诱惑力几乎没人能够抗拒，带着乡愁的家乡小吃更会让对方聊得停不下来。如果你不够了解对方，利用问题引导对方更多地展示自己也是打开对方"话匣子"的钥匙。

热聊模式开启后也不要掉以轻心，一不留神就会使沟通中断。比如，草率地表达反对观点，不分时机地胡乱插话，不合时宜的肢体语言……都是浇灭聊天火焰的一桶冰水。所以，聊天中，学会倾听是懂得接话预防尴尬的必备技能。

古希腊哲学家德谟克利特曾指出，"只愿说而不愿听，是贪婪的一种形式。"这种贪婪会吞掉对方表达的欲望,让聊天变成一个人的表演,最后不欢而散。倾听分为无效倾听和有效倾听。无效倾听包括看似专注,实则心不在焉的虚伪倾听、截取感兴趣的内容,选择性无视的选择倾听、逃避指责或批评等带有否定言论的抵抗倾听。而有效倾听指的是不仅要用心去听对方的感受、对方的情绪、对方的故事、对方的想法,同时还要给予积极的反馈,才能让聊天持续下去。

会接话不是只要会听,还要读懂对方的诉求。比如,当你邀请女生晚上看电影,对方说:"不行啊,妈妈要求我在10点之前必须回家。"你是回答"哦,那算了"还是回答"我保证在10点之前送你到家"。当男人说"我累了"的时候,在表达什么?你回答什么,才能让对方觉得暖心?当有人与你分享自己的喜悦时,你怎么回答才能让对方感到如沐春风?

在聊天和沟通的过程中,气氛很重要。会接话的人,一手烂牌都能打成王炸。比如,别人抛过来一个梗,会接话的人,不仅能稳稳接住,还能引爆笑点。

沟通中的尴尬是在所难免的。我们经常会遇到各种难堪的情景,比如,表白被拒、受人刁难、被人当众揭短……面对这些难堪,情商低的人只会手足无措,而情商高的人却能用一句话扭转局面。

沟通是需要技巧的。"如何不当话题终结者?""遇到不喜欢的话题,应该怎么说?""领导对你说辛苦了,怎么接?""怎样有效提出反对意见?"所有的这些疑问,你都能在这本书里找到答案。

  本书通过大量贴近生活的事例和实操技巧，内容涵盖如何开启话题、积极倾听、巧解尴尬、幽默接梗等多个方面，帮助读者不断精进自己的沟通话术，变身沟通达人！

目 录
CONTENTS

第一章 救场如救火，冷场时刻如何开启热聊模式　001

1. 用"相似法则"迅速拉近彼此的距离　002
2. 避免冷场和尬聊的有效方法：聊对方感兴趣的话题　007
3. 话题很无趣，巧妙抛出新话题转换聊天方向　012
4. 找到令对方兴奋的话题，打开对方的话匣子　016
5. 用问题引导，让对方更愿意主动去说　021
6. 避免聊天陷入窘境，知道别人不喜欢什么很重要　025
7. 对方很拘谨，你主动示弱可以让话题继续　029
8. 帮对方整理话题，聊多久都不累　033
9. 餐桌上，快速暖场的必备私人话题　037
10. 聊天冷场时的6个急救话题　041

第二章 关键时刻，会说话更要会接话　047

1. 避免让自己成为"话题终结者"的4个方法　048
2. 打招呼之后该如何避免沟通出现冷场　053
3. 如何与陌生人聊天，才能越聊越嗨　058

4. 安慰到位，才不会让友谊的小船说翻就翻　　062
　　5. 贬低对方只会让沟通陷入僵局　　066
　　6. 高情商回复别人的赞美　　070

第三章　积极倾听，把握好接话时机和内容　　075

　　1. 听对方把话说完，接话不等于乱插话　　076
　　2. 如果你不知道怎么接话，就重复对方的话　　081
　　3. 在倾听、接话的过程中，肢体语言的表达很重要　　086
　　4. 听懂别人的"弦外之音"　　090
　　5. 不同意别人的观点时，也要从认同开始接话　　095
　　6. 听懂对方的情绪，用更强的情绪去共鸣　　099

第四章　读懂诉求，让自己成为沟通高手　　103

　　1. 别人给你提意见时，表现出虚心的态度　　104
　　2. 别人与你分享喜悦时，不要轻易否定　　108
　　3. 被批评时，要认错而不是辩解　　112
　　4. 当女人主动找你聊天时，怎么回复显高情商　　115
　　5. 男人说"我累了"，什么暖心你就接什么　　119
　　6. 当对方承认"我错了"时，不要再咄咄逼人　　122
　　7. 洞悉别人的情绪，避免陷入尴尬　　125

第五章　幽默接梗，关键时刻让聊天变得更有趣　　129

　　1. 那些令人忍俊不禁的神回复　　130
　　2. 幽默一下，给尴尬的人一个台阶下　　134

3. 巧用幽默表达不同意见　　　　　　　　　　　　　　138

　　4. 春节的夺命连环问，如何机智应对　　　　　　　　143

　　5. 别人自黑时，怎么回复让对方听着舒服　　　　　　147

　　6. 别人吐槽你时，不妨用自嘲代替反驳　　　　　　　151

　　7. 别人和你开玩笑时要如何回应　　　　　　　　　　155

　　8. 启用诙谐的方式，帮自己摆脱困境　　　　　　　　159

第六章　遭遇各种难堪，机智接招彰显高情商　　　163

　　1. 表白直接被拒，空气突然安静怎么办　　　　　　　164

　　2. 面对让你为难的请求，幽默一下，让对方知难而退　168

　　3. 被朋友当众揭短，怎么回应才不会失颜面　　　　　172

　　4. 看破不说破，才不会陷对方于尴尬　　　　　　　　175

　　5. 被当众羞辱、讽刺，应如何回击挽回尊严　　　　　180

　　6. 面对他人的谩骂，如何回复才能显示出高情商　　　184

第七章　职场话术，你的应变能力就是你的实力　　189

　　1. 面试官故意刁难你，怎么接话求双赢　　　　　　　190

　　2. 上司交给你任务，把"我不会"改成"我可以学"　194

　　3. 领导问你有什么想法，这样回答让领导高看你一眼　198

　　4. 被上司批评，第一时间附和对方而不是辩解　　　　202

　　5. 同事向你借钱，如何接话不伤关系　　　　　　　　206

　　6. 客户各种借口托词拒绝，销售高手教你怎么接应　　210

　　7. 领导安排工作，如何回复才显高情商　　　　　　　215

第八章　6个万能句式，关键时刻教你秒变沟通达人　219

1. "有道理"——赞同语式才能把话题聊开　220
2. "我觉得你很像猫"——先说结论，成功激发对方的好奇心　225
3. "新发型很适合你啊"——每个人都期望被关注　229
4. "相信你自己的眼光"——用鼓励点燃对方内心的欲望　233
5. "怪不得总听别人夸你"——不露痕迹的恭维才高明　238
6. "你看，我比你还惨"——世界上最好的安慰　242

第一章
救场如救火,冷场时刻如何开启热聊模式

1. 用"相似法则"迅速拉近彼此的距离

情景对话

亚当森希望能够与伊斯曼谈一桩生意，但之前找伊斯曼谈生意的很多商人都没有达到目的。当亚当森见到伊斯曼时，并没有主动谈及关于生意的事，而是仔细打量着对方的办公室。

伊斯曼问道："您有何指教？"

亚当森回答说："亚斯曼先生，刚刚我仔细观察了您的办公室。我曾经做过很长一段时间的木匠，不得不说，这是我见过最精致的办公室。"

伊斯曼笑道："这间办公室是我亲自设计的，我特别喜欢。"

亚当森摸了摸墙边的地板，问道："如果我没有看错的话，这是英国的橡木吧？意大利的橡木不是这样的。"

伊斯曼高兴地回答说："是从英国进口的橡木，一位专门研究室内装修的朋友特地为我去英国定的货。"

伊斯曼心情大好，开始带着亚当森参观自己的办公室。两人从办公室的建材聊到各自的人生经历。最终，亚当森成功地拿下了这笔订单。

分析

心理学家纳吉拉什维利认为，如果使对方感觉到你与他有很多的相似性，就能迅速拉近彼此之间的心理距离，也就更愿意与你沟通，从而结成良好的人际关系。

在日常生活中，我们经常会发现，人们在沟通的过程中，年龄、地域、兴趣等方面往往会带给人们更多的话题。随着沟通的深入，彼此之间的价值观、性格等因素也开始逐渐产生影响。在一些社交场合中，你如果能够表现出与对方的相似性，那么双方的交流沟通会变得更加顺畅。

为什么会出现这种情况呢？心理学家认为，人喜欢与自己相似的人交往，是因为对方能够对自己的价值观做出进一步的肯定。而且在沟通中，双方很少因价值观的差异产生分歧，从而出现不愉快的现象。

美国的心理学家纽加姆曾做过一项实验：他请17名素不相识的大学生住到同一间宿舍中，观察他们之间关系的亲疏变化。在长达四个月的跟踪调查之后，纽加姆得出了一个结论："在相识之初，空间距离的远近决定了彼此的亲疏程度；相识之后，在信念、价值观和个性品质上更接近的人，最后都成了知己好友。"

所以，当我们在沟通中能够使用"相似法则"时，就能够与对方产生更多的话题，将沟通不断地进行下去。"相似法则"指的是，人们往往喜欢那些与自己有共同点的人。

比如，两个南方人在北方严冬的夜晚初次相遇。一个人说："今天好冷啊！"另一个人回答："是啊！"沟通可能就会止步于此，两人擦肩而过，人生恐怕再难相逢。

如果以双方的经历作为话题，一个人说："今晚好冷！像我这种南方人，尽管在这里住了几年，但对这种气候还是难以适应，你感觉怎样？"

另一个人回答说："是啊，我父母虽然是北方人，但我也是从小在南方长大的，来这里还是很不适应。"

"你也在南方待过？你在南方哪儿？"

"我在……"

见面的两个人虽然一个人是纯正的南方人，另一个只是在南方长大的，但有一段相似的南方成长经历，不适应北方寒冷冬季的相同感受，大有相见恨晚之意。

当我们不知道如何打破沟通的僵局时，不妨在对方讲述自身情况时，利用"相似法则"与对方接着聊下去。

实战指南

那么,我们在沟通中可以从哪几个方面实现"相似法则"呢?

- **爱好**

正所谓"物以类聚,人以群分",相同的兴趣爱好往往能够增加彼此之间的交流。如果在沟通中以相同的兴趣爱好作为话题切入,会有意想不到的结果。

比如:"您也喜欢爬山啊?太巧了,我也喜欢爬山。不过,我没登上过什么著名的山峰,您呢?"

- **地域**

"他乡遇故知"作为人生四大喜事之一,在人们心中有着不轻的分量。人们很容易回忆起故乡的乡情、乡音,沟通起来也会有更多的话题。

比如:"您也是山东的?太巧了,我是山东青岛的。在咱们山东出来打拼的人中,像您这样成功的人可真不多。""您是苏州人?巧了,我住在无锡,两地距离不远。"

- **经历**

相似的经历会拥有相同的感受,双方更容易产生共鸣,能够为进一步交流提供更多的话题。

比如:"您之前在深圳待过?我也曾在深圳待了5年,那时候的日

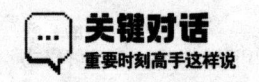

子真是太苦了。"

  无论是在工作还是生活中，沟通时利用"相似法则"能够使我们找到更多的话题。人生的相似性会令彼此快速产生默契或者好感。但要注意在使用"相似法则"时，切忌盲目寻找相似性，一旦令对方产生怀疑，就会使交流的氛围降至冰点。

2. 避免冷场和尬聊的有效方法：聊对方感兴趣的话题

> 情景对话

威廉·费尔浦斯教授曾在一本书中讲述了自己小时候的一段经历：他8岁那年到姑妈家做客。临近晚饭时，家里来了一位衣着考究的中年人，但姑妈对来访的客人并不热情。中年人和姑妈聊了一会儿之后，便走到威廉身边，热情地和他打招呼。

当时，威廉正在专注地玩一艘船的模型。于是，中年人便和他讲了很多关于船只的事情。这令他大开眼界。等对方离开之后，威廉仍意犹未尽，不断地向姑妈提起这个人。

可是，姑妈告诉威廉，那个中年人其实是一名律师。

威廉反问道："那他为什么一直和我谈论关于船只的话题呢？"

姑妈解释说："因为他是一个绅士，看到你对船只感兴趣，为了博得你的好感,所以和你聊的都是你感兴趣的事情。"

分析

与陌生人初次见面时,话题的选择一直是很多人头痛的点。一开始直接询问对方的年龄、家庭等情况难免会显得唐突,而"今天天气不错"之类的话题又毫无营养。于是,很多沟通往往会止步在"您是哪里人""是哪所学校毕业的"等不痛不痒的问题上。

其实,简单的寒暄从最基本的日常生活开始并没有问题,关键在于将彼此之间的沟通进行下去。如果我们能够准确切入对方喜欢的话题,那沟通自然会水到渠成。

每个人都有自己感兴趣或擅长的东西,有的人爱好足球、汽车,有的人喜欢时尚八卦。如果在打完招呼之后不知道聊什么,不妨尝试和对方聊他感兴趣的话题。心理学表明,人都喜欢谈论自己感兴趣或擅长的事,并借此分享自己的知识、经验和看法。即使性格内向、不善言辞的人,对于自己喜欢或擅长的话题,也能侃侃而谈、乐此不疲。

沟通中的冷场与尬聊,一般都是由切入不恰当的话题导致的。你和爱踢球的人聊股市,和爱美食的人聊古董,即使你的热情再高涨,也燃不起对方心里的火。反之,当你和一个热爱旅游的人谈论各地的美景时,对方肯定会滔滔不绝地讲述自己的所见所闻,对名山大川、各朝古都等如数家珍。

常言道："酒逢知己千杯少，话不投机半句多。"没有人会拒绝一个拥有与自己相同爱好的人，也没有人会拒绝一个自己感兴趣的话题。一个懂得在沟通中说对方关心或擅长的话题的人，即使在与他人初次见面时，也不会让沟通气氛冷场。美国总统西奥多·罗斯福就是这样一个人。哥马利尔·布雷佛曾对他做出过一番评价："无论对方是一名牛仔还是一位骑兵、是纽约政客或外交官，罗斯福都知道该对他说什么话。"

谈论别人感兴趣的话题是一个避免冷场与尴聊的最有效方法。当你在沟通过程中不知道聊什么时，不妨找一些对方感兴趣的话题来说。但要注意的是，无论陌生还是熟悉的人，我们都要花时间去了解他，只有这样，我们才能真正明确对方感兴趣的点。

实战指南

想要在沟通中发掘对方的兴趣点，我们可以将"望""闻""问""切"四种方式配合起来使用。

■ "望"：观察对方

我们可以简单地从对方的衣着和相貌上对其职业做出大致的判断，将因行业的不同为他们留下的痕迹作为判断依据。比如，脸部皮肤略差，手掌或手臂有不同的划伤和烫伤的人可能是一名厨师；食指与中指关节突出的人经常使用笔，可能是一个文职或者作家等。

同时，在沟通过程中要留意对方说话或倾听时的肢体动作和面部表情。当对方身体放松、面带微笑时，就意味着他对这个话题不排斥；当对方出现抖腿、左顾右盼等动作并面无表情时，就意味着对方对当前的话题感到不耐烦。

- **"闻"：倾听对方**

在交流时，尽量让对方多开口。当对方说话时，不要急于表达自己的想法，耐心倾听对方的话，并给予微笑、点头等适当的反馈。通过对方说话的语速、情绪的变化判断对方感兴趣的点。

- **"问"：询问对方**

如果从观察和倾听中无法判断对方的爱好和专长，不妨直接问对方"你平时喜欢做什么？""有没有特别热衷的事情？"如果担心直接询问不礼貌，可以先表明自己的情况，将对方的爱好或职业引出来。比如，"我喜欢打篮球，平时你喜欢做什么？""我是一个程序员，你是做什么的？"

- **"切"：话题筛选**

通过"望""闻""问"的判断，我们可以先用试探的语气与对方交流，当判断出现失误时，要及时转换话题，通过观察对方肢体动作和情绪波动来找到正确的切入点。

总而言之,当我们不知道和别人聊什么的时候,不妨从对方感兴趣的点入手,这样必然能打开简单寒暄的僵局,让话题更顺畅地进行下去。

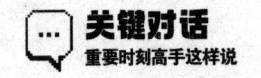

3. 话题很无趣，巧妙抛出新话题转换聊天方向

情景对话

在一场同学聚会上，几位年轻爸爸在讨论关于孩子教育的问题。

"现在的孩子太难沟通了，动不动就不说话。打也不是，骂也不是，我几乎每天都因为这种事头疼。"

"不说话还好，我家那小子，教训他几句就开始又哭又闹，还摔东西。我自己又舍不得打，真伤脑筋。"

看着几位老同学聊得热火朝天，李楠心里很是无奈，自己还没有结婚，对关于孩子教育的问题提不起一点兴趣，他现在只对买车的话题有兴趣。

趁着几个人都没有开口说话，李楠说道："听你们这么一说，我对养小孩可真没有信心。不过婚还是得结啊，未来的丈母娘说了，结婚得买辆车。昨天去车市转了一圈，头都晕了，哥几个帮我参谋参谋。"

"终于要告别单身了！先说说打算买多少钱的？"

"裸车13万左右吧，太贵了也买不起。"

"这个价位可选择的很多，对了，正好我还有个朋友在车行，说不定能给你弄个优惠价。"

……

分析

在日常生活中，与人沟通时遇到自己不喜欢或不擅长的话题在所难免。

每个人所涉及的专业领域或兴趣爱好都不尽相同，你无法保证身边的人都符合你的审美。但对于自己不喜欢或不擅长的话题，你可以适时抛出另一个话题来转换聊天方向。这样既不会造成尴尬的场面，又不会使对方失去沟通的兴致。

当然，在转移话题之前，不要对对方的某一观点或看法发表意见，更不能表示否定。也就是说，要想流畅地转移话题，只需适当地对上一个话题表示肯定，而不要过度纠缠下去。除此之外，转移话题更要看准时机。等对方对当前话题的热情降低之后，即将开始冷场之前，是抛出一个新话题的最佳时机。不要在自己失去兴趣，而对方兴致高涨的情况下强行转移话题，也不要将注意力聚焦在细枝末节上，游离在当前话题之外。

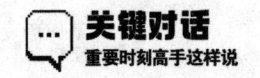

当然，抛出的新话题一定要有针对性或延伸性，即对方能够对这一话题产生兴趣，不然场面会直接陷入冷场，与自身初衷背道而驰。同时，话题转移要灵活自然，太过勉强也会造成尴尬的气氛。

实战指南

在日常沟通中，为了避免尴尬，我们应该怎样合理地转移话题呢？

■ 对当前话题进行延伸

当对方在和你聊你完全不熟悉的事物，但你又不能强行扭转话题时，你就可以提一些开放性的问题，延伸出更多的话题。

比如："对此，你怎么看？""这个事物我不是很了解，但是听起来很有意思，你能再多和我讲讲吗？"

■ 将话题转移到对方身上

一般年轻人最厌烦被父母催婚，而且无论我们在谈论什么事情，他们都能将话题绕到婚姻大事上来。这时，你可以先耐心地听一会儿，然后再将话题转移回他们身上。

比如："妈妈，你是什么时候开始相亲的？""怎么和爸爸结婚的？""我如果有你那么漂亮的衣服就不愁谈对象了，你那件衣服真好看。"

- 制造意外，强行终止话题

在遇到自己不喜欢或不擅长的话题时，你可以主动制造一些意外，比如，假装碰掉一支笔、一个打火机或手机等身边常用的物品，弯腰去捡。对方一定会停止说话等你起身，而这时对方的思维就会出现断档。你起身之后就可以转接到另一个话题上，使用"突然想起来……""最近听说……"等话语作为过渡。

- 用问题回答问题

当你遇到一些不便发表意见的问题时，可以用问题回答问题的方式来转移视线，引出另外的内容。比如，一位同事向你抱怨："昨天领导又批评了我一顿，我又没做错什么，就因为我不是女生就故意整我？"你可以回答说："啥，这事儿啊。你知不知道咱们公司又出了一件大事？"

在现实沟通中，为了维持良好的沟通氛围，我们无法生硬地将自己不喜欢的话题打断。所以，我们要学会巧妙地结束当前的话题，开启另一个新的话题。

4. 找到令对方兴奋的话题，打开对方的话匣子

情景对话

为了得到一家大公司的订单，业务经理在两年的时间里不断地去拜访该大公司的总经理，但总是引不起对方的兴趣。

有一天，他再次去拜访那位总经理，看到桌子上放着一本《论语》。业务经理对总经理说道："您是不是非常喜欢古典文化，对《论语》应该也有很高妙的见解吧？"

"对，你怎么知道？"总经理一改往日的冷淡，兴致盎然地问道。

"您的办公桌上放着一本《论语》，看样子您应该经常翻看。"业务经理说道。

"是的，我对古典文化非常有兴趣，之前经常听一些名人讲《论语》。对于他们的有些观点我表示认同，有些观点持保留意见。"总

经理得意地说道。

"我也看过类似的一些讲解,但是没有太深入的研究,对一些地方还有疑惑,希望总经理能不吝赐教。"

这句话立刻引起了总经理的极大兴趣,于是两个人围绕着《论语》热聊了半个多小时。最后,两人互留了联系方式,相约以后经常在一起探讨。

后来,业务经理便顺利拿到了这家公司的订单。

分析

我们常常会产生这样的疑问:"为什么我和别人聊天时,总是前两句聊得很开心,慢慢地,对方就失去兴趣了?"这是因为我们没有抓住令对方兴奋的点。

在人与人的交往沟通中,大部分的冷场会出现在沟通最开始的阶段。原因在于双方初次见面,互不了解,彼此之间有些拘谨,交流时切入的话题也是不痛不痒。如果能够在初次见面时,给对方留下一个好印象,那之后的沟通就是水到渠成的事情了。

在生活中,很多人在各种场合都愿意向身边的人讲述令自己自豪的经历,这是表现自己的冲动,是与生俱来的。哈佛大学的科学家通过实验发现:"当我们与他人交流时,在脑细胞和突出层面会产生某种奖励机制。"这也就导致了大脑中兴奋的产生。

当我们找到令对方兴奋的话题时,就能够打破交流之初的尴尬,让对方维持一种亢奋的状态，无意识地讲述自己的所见所闻或对某件事物的观点和看法。

我们需要尽可能多地掌握对方的信息，才能"对症下药"。比如，当你和一个成功的创业者交谈时，你需要先了解对方曾获得过什么样的辉煌成绩；当你和一个艺术家沟通时，你需要先了解对方在整个艺术生涯中获得了哪些名誉等。当你在沟通中，无论有意还是无意，将令对方兴奋的点暴露出来，那他一定会很愿意和你开启新的话题。

这些信息的收集并不困难，我们可以从其人脉圈中向他人探知，也可以在沟通之初旁敲侧击得知。往往从对方口中获得的信息的准确度会更高。

实战指南

当我们成功收集到对方的信息之后，应该如何使对方产生兴奋呢？

■ 谈对方看重的话题

我们在沟通的时候，一定要留意对方看重的话题。不同的人存在不同的侧重点：老人更在乎健康，男人更在乎事业的发展，女人更注重孩子。如果我们能够成功触及对方的敏感点，激发对方的情绪，就能够使沟通变得更加顺利。

比如，你在与朋友介绍的一位女士聊天，在沟通中产生了以下对话：

"我打算组织一场聚会，让咱们在外边工作的老乡聚一聚，交流交流生活经验，您能参加吗？"

"没问题，不过我还是将时间尽量安排在工作日，周末我需要在家里照顾孩子。"

"您有孩子了？"

"嗯，两个女孩儿，双胞胎。"

"那您下周一晚上有空吗？"

"下周一我可能要出差，说不准什么时候回来，有时间的话，我一定去。"

对于聚会邀请来看，这则对话似乎没有任何问题，但对沟通而言却不是最理想的效果。你在沟通中的焦急和冷漠扑灭了对方想继续交流下去的欲望。如果当对方讲到自己有两个孩子的时候，你回答说"那您可太幸福了"或者"您抚养两个宝贝女儿还能做这么多工作，真令人羡慕"，那么对方一定会愿意继续与你交流下去。

■ 谈对方得意的话题

每个人都有自认为得意的事情，也乐意向他人炫耀。且不论这些事情存在多大的话题延展性，如果你在沟通时，将话题引到这些事情上，对方一定会滔滔不绝地和你讲个不停。

当你聊到对方擅长的领域，他自然而然就会兴奋起来。哪怕自身专业水平一般，但在你这个外行面前，这些也是对方骄傲的本钱。

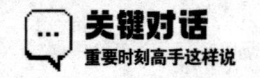

比如，当你了解到对方是一名心理医生时，你就可以问"听说这个职业的证书很难考，您当时是怎么考下来的"；当对方出版了一本畅销书时，你就可以说"写得真好，您是怎么构思的"。

总而言之，你只要能够找到令对方兴奋的话题，对方一定会主动打开话匣子，与你热聊起来。

5. 用问题引导，让对方更愿意主动去说

> 情景对话

"日本的推销之神"原一平曾经去拜访过一家建筑企业的董事长渡边先生。可渡边先生不愿理会原一平，一见面就给他下了逐客令。

原一平不慌不忙地问道："渡边先生，咱们的年龄差不多，但您为什么能如此成功呢？您能告诉我吗？"

渡边不好意思回绝对方的热情，于是让原一平坐在自己对面，开始讲述起了自己的经历。在此期间，原一平认真地听着，并在适当的时候提出了一些问题。例如，"您当时在面对那种困境时，是什么样的感受？""您会不会后悔当初做出那样的选择？"……渡边先生很认真地回答了他的每个问题。拜访结束的时候，原一平对渡边先生说："我很想为您写一份有关贵建筑公司的计划，可以吗？"

渡边先生被原一平的诚心所打动，便点头答应了。

分析

沟通是两个人的事,与人交流时,不是你话说得越多,对方就越愿意与你沟通。你说得越多,那么你了解和接受对方的信息就会越少,就会导致无法找到适合双方沟通的话题,造成冷场。

美国的一家报纸曾刊登了一则招聘广告,而一个名叫查尔斯的人在面试时并没有过多介绍自己的情况,展示自己的优势,只是对老板说:"贵公司是一家有着非凡经历的公司,如果能在这里工作,我将会十分自豪。听说在28年前,当您开始创建这家公司时,除了一张桌子、一间办公室、一个速记员,什么都没有,简直令人难以置信。真的是这样吗?"

经过三个多小时的沟通,老板对查尔斯说:"我想,你就是我们想要找的人。"

在沟通中,每个人都在寻找体贴且值得信赖的听众。而引导式聊天就是一把钥匙,插入锁孔,轻轻地转一下,就能轻而易举地打开对方的话匣。

如果你能引导对方多说,将更多的说话时间让给对方,这不仅能够体现你对对方的尊重,还能使你更加了解对方,这对促进彼此之间的交流有着非常重要的作用。

实战指南

引导对方沟通并没有想象中那么困难,其核心就是提供话题的方向。

- **用问题给出话题方向**

一个恰当的问题能够直接引导对话产生。问题可以涉及很多内容，某个事件、新上映的电影、热门的新闻话题等。

比如："你知不知道最近网上特别火的那件事？""最近上映了一部特别好看的电影，你看过了吗？"

- **展示自己进行询问**

将某件事情或者物品作为主体，先展示自己的感受、经历、想法等，再询问对方的观点。

我们以一件漂亮的衣服来举例说明。

展示自己的感受："哎，这件衣服太漂亮了，你喜不喜欢？""这件衣服很适合你呀，你认为呢？"

展示自己的经历："我的朋友过生日的时候就收到过这个牌子的衣服，好羡慕她，你觉着这件衣服怎么样？"

展示自己的想法："这件衣服穿在你身上一定很有气质，你要不要试一试？"

- **明知故问**

即原本没有疑问而自提自问，也可以看作是"设问"。但明知故问不是瞎问，你要问那些让对方感兴趣的、引以为豪的问题。比如：他取得的辉煌的业绩、成功的经验，他目前最关心的问题以及他最感兴趣的问题等。

比如，"渡边先生，咱们的年龄差不多，但您为什么能如此成功呢？您能告诉我吗？"

设问是了解对方心理的一大利器，也是接近那些难以接近的人的一个很好的办法。通过巧妙的设问，让对方多多谈论自己。要知道，人们在谈论自己的时候，总是高兴的、投入的，只要对方高兴了，便容易与你形成互动。

著名记者麦开逊说："不肯留神去听别人说话，是不受人欢迎的第一表现。"因此，在人际交往中，任何时候都不要自说自话，只有给他人表现的机会，让你们之间产生互动，才能将一场谈话进行下去，也才能拉近你们之间的距离。

6. 避免聊天陷入窘境，知道别人不喜欢什么很重要

情景对话

明朝的开国皇帝朱元璋，出身低微。等他当了皇帝之后，儿时的一位朋友前来拜见朱元璋。在金銮殿上，那位朋友一看到朱元璋，连忙跪拜道："吾皇万岁，当年臣随驾扫荡庐州府，打破罐州城，汤元帅在逃，拿住豆将军，红孩儿当关，多亏菜将军。"

朱元璋知道他在说一件他们童年的往事，却表达得极其巧妙，心中不由感慨，当即赏赐了此人。

而朱元璋另一个儿时的朋友听闻这个消息之后，也去拜见了朱元璋。但是，他担心朱元璋不认识自己，便手舞足蹈地说道："我主万岁，您还记不记得，那时咱们几个一起给地主放牛。有一次，我们偷了许多豆子，跑到芦苇荡里，用罐子煮着吃。谁想到，还没煮熟呢，人家就追了过来。当时，你很着急，就要吃豆子，结果手忙脚乱地把

罐子打破了，洒了一地的汤，你只顾着从地上抓豆子吃，不小心被红草叶卡住了喉咙，当时是我给出的主意，给你找了片青草叶子吃下去，你才转危为安的。"

朝堂之上，文武百官在列，这让朱元璋感到很没面子。于是，朱元璋怒喝一声，将此人斩首示众。

分析

从古至今，"忌讳"一直是人们在沟通中需要注意的点。有人忌讳直呼自己长辈的名字，有人忌讳被人提起自己不堪回首的往事……想要在沟通中避免聊天陷入尴尬的窘境，你需要重点关注对方不喜欢被提起的话题。如果你不小心揭开了对方的"伤疤"，很可能会使沟通无法进行下去，甚至还会遭到对方的怨恨。就如同案例中两个人不同的遭遇，实际上两个人与朱元璋谈论的是同一件事，只不过前者并未将朱元璋的丑态说出来，后者却口无遮拦，让朱元璋在诸多官员面前下不来台，以致招来杀身之祸。

每个人都有一些无法触碰的敏感话题，所以我们要格外注意，不要谈及相关的话题，以免无意间冒犯他人或令其产生不满的情绪。

每个人都会有虚荣心，希望能够在别人面前保持自己的形象，不愿让他人看到自己的不足，以免让别人看轻自己。所以，我们在沟通中说话一定要谨慎，尽量避免让对方认为自己是在"含沙射影"。

实战指南

那么,在沟通的过程中为了避免提起令对方不悦的话题,需要我们注意哪些事项?

■ 了解对方

了解对方是绕开对方禁忌话题最关键的一点。每个人的性格习惯不同,需求和忌讳也不同。如果你对沟通对象的信息一无所知,那么在沟通时难免会触碰到对方心中的那根"刺",对彼此之间的沟通便会产生不利的影响。

■ 多谈论正面话题

在沟通中,多谈论某个人或某件事的正面影响和看法,切勿在背后贬低、讽刺他们。因为一些概括性较大的话题可能会将对方囊括其中,而对方的内心如果极其敏感,你就无法预测哪句贬低的话会令对方觉得你有指桑骂槐的嫌疑。

■ 避免谈论缺陷和隐私

"缺陷"指的是生理缺陷、家庭困境等让对方较为敏感的话题。如果你在一个坐轮椅的人面前谈论某人的百米纪录,对方会是一种什么样的心情。

"隐私"是指对方不愿提及的话题。比如,女人的年龄、婚姻情况,男人的家庭财产、工资收入等。

同时，与女人沟通时，切勿谈论相貌、体形、保养等问题。对于初次见面的人，不要随意询问对方衣服、首饰的品牌、价格等。更不能嘲笑对方的生理缺陷或将其当作一个玩笑。

总而言之，在与别人沟通时，不管是什么样的内容，都要当心触及对方的禁忌或聊到对方不喜欢的话题，这样才能够真正避免彼此的沟通陷入窘境。

7. 对方很拘谨，你主动示弱可以让话题继续

情景对话

《塔木德》中记载了这样一个故事：

一位记者去采访一位政客，打算获得一些关于他的资料。政客看到记者过于紧张且有些拘谨时，便安慰道："我们可以慢慢谈，因为时间还很长。"

政客端起了咖啡喝了一口，大叫道："太烫了。"随即将咖啡洒落在地上。因为自己的失礼，政客向记者表示了歉意，然后他又摸出了一支香烟。

记者见到政客将烟反叼在嘴里，连忙提醒道："先生，您将香烟叼反了。"政客听完之后，连忙将香烟拿下来，却在慌乱中打翻了烟灰缸。

平时一向严肃的政客接连闹出几次笑话，让记者紧张的心情有所

缓解，变得不再像刚开始时那般拘谨了。事实上，所有的闹剧并不是意外，而是政客的故意为之，目的就是让对方怀着轻松的心情进行采访。

分析

在现实生活中，成功的人在沟通中很容易带给对方无形的压力，使对方变得拘谨，说话小心翼翼，不敢或不愿去触碰自己不确定的话题。于是，沟通中就会出现冷场的现象。

而主动示弱会降低对方的防御心理，使彼此之间的距离不再那么遥远。如果再针对对方的某些强项给予一些真诚的赞美，就能中和对方心中的畏惧，使沟通有一个更加融洽的氛围。主动示弱能够使对方保持一种心态的平衡，易于产生亲近感，对积极的人际交往有一定的促进作用。

一般来说，任何人都乐于帮助别人，但只有在感觉值得做，而且会得到对方感谢的情况下才会继续下去。适当的示弱不仅能够帮助你减少甚至消除对方的负面心理，而且还会使对方放松对你的警惕，使能力或成就不如自己的人保持一种平和的心境，更利于彼此之间的沟通。

但是，我们要清楚一点，沟通中的示弱是一种促进交流的手段，而不是毫无底线地退让。总的来说，在交流沟通中，懂得示弱是打开对方封闭心理的一把钥匙，也是为人处世的制胜法宝。

实战指南

既然主动示弱能够在双方处境不同时促进沟通,那我们可以怎样示弱呢?

- **隐藏自己的锋芒**

在沟通中选择恰当的话题,当地位高的人与地位低的人沟通时,将焦点集中在自己的奋斗过程中,表示自己也是一个普通人,不要随便向对方炫耀自己的成就,可以多谈论自己曾经历的失败和眼下遇到的各种困境。

比如:"那年真的是太苦了,满世界求人借钱,当时愿意借我的人寥寥无几。""现在身体真是大不如前了,每到阴天下雨,肩膀和膝盖就特别疼。"

- **暴露自己的不足**

当对方发现你也存在很多弱点时,对你的畏惧感也会大大降低,甚至还会受到同情心的影响,对你产生某种程度上的亲密感。如果你巧妙地暴露某些不足,就会使对方在沟通中松一口气。

比如:"不好意思,您能解释一下刚才您说的意思吗?我对这方面一窍不通。""我对这方面不是太了解,不敢随便下定论,不过我觉得你的观点就很好。"

- **放低自己的姿态**

沟通时,我们要注意自己的肢体动作和面部表情,切勿摆出一副高高在上的姿态或在倾听对方时表现出某种不屑的语气和表情。我们应该展现出一种平等沟通的姿态，注视对方的双眼，面带笑意。

比如："我看您最近比以前瘦多了，您可得注意休息啊。您最近工作这么累，没少费心吧，一定要注意按时吃饭！""这么大的工程，您一个人给搞定了，可真是了不起啊！不过，您可要注意身体呀，别光为了工作，累坏了自己。"

■ 以请教的方式沟通

在沟通中，适当地穿插请教的言辞，有利于提高对方的自信心。

比如："你是怎么做到的，能不能给我讲一讲？""您今天穿得真漂亮，我就不会挑衣服，能不能传授我一些经验？""听说您家的孩子特别聪明，您是怎么教育的，有什么秘诀吗？"

总的来说，当对方在沟通中显得拘谨或不安时，我们不妨适度示弱，降低自己给对方带来的压迫感，提升对方交流的自信心，使彼此之间能够顺利地沟通，从而杜绝冷场的情况发生。

8. 帮对方整理话题，聊多久都不累

情景对话

"你为什么在毕业之后选择了这个行业？"

"你问我为什么会进入这一行？我本来就是一个上班族，后来一头扎进业务的世界里……对了，我念书的时候组建过乐团，有一阵子还真想出去表演，那时玩得还不错呢！每个月的现场演出都有50多名听众呢！我是弹吉他的，不过真正想玩的还是打鼓……"

"嗯，所以你现在做的这份工作与乐器有关？以前学生时代学到的音乐技能还能派得上用场，真的很棒哦！"

"没错，没错！以前学的东西还用得着的感觉真不错！你可真懂我说的！"

分析

生活中，我们身边一定有这样的人：说话永远是想到哪儿说到哪

儿，完全没有逻辑，明明一句话能够说完的事，却用十句话也说不明白。比如，一个客户与你谈项目，从行业、政策、公司、环境聊起，滔滔不绝地讲了10分钟，而你却完全不知道对方想与你探讨什么问题。这种沟通方式会令人身心俱疲。

对沟通而言，你花费一些时间传递出一个信息，对方可能需要等同的时间甚至更多的时间才能完全接受和理解你的信息。这就容易导致沟通不畅。

很多人之所以如此，无论是习惯使然，还是过于紧张，总之就是想将信息一次性说完。

如果在日常沟通中发生这种情况，你该如何接话才能使彼此之间的沟通不再刻板、混乱？适时帮对方整理话题能够帮助我们解决这一困境。"整理话题"指的是从对方的话中提取关键词，舍弃一些不必要的内容，通过询问或直接表述来推动沟通的进程，避免在一个关键问题上停留太多的时间。

如果我们在沟通中能够适时帮对方整理话题，那么再长时间的沟通，双方都不会觉得乏味。

实战指南

那么，我们应该如何帮对方整理话题呢？

■ **保持耐心**

在沟通之初，当对方毫无逻辑地表述自己的观点时，切忌使用"你到底想说什么""听不懂你在说什么"等话来强行打断对方。一旦对方对自己的啰唆毫无意识，这种打断对方话的行为就等同于渴望表现自己，从而令对方心生不悦，对沟通的气氛产生影响。

所以，我们要在沟通中保持耐心，同时对对方传递的信息进行筛选、分析，明确对方想要表达的真正意思。

■ 抓取重点

抓取话中的重点，一般对方请求或询问的话，多注意对方提出的问题；对方陈述或回复的话，多注意提问与回复之间的联系。同时，将对方谈话中的几大重点相联系，确定对方话中的含义。

比如，"和你商量一下，你明天想去看电影吗？这不是放假了吗，我想着会不会你也没想好去哪里，正好你之前说过你喜欢那个导演，他最近刚出了一部全新的电影，这几天网上的评价都不错……要是你忙的话就算了，假期确实人很多，不想去也正常……不过我看附近影城的排片量还挺大的，应该不会人挤人，你看这个事行不行……"

我们通过筛选可以知道，对方想要传递的信息是"约你去看电影""询问你有没有时间"。如果你想接受对方的邀请，你就可以回答"好啊，明天我也没什么事，那咱们一起去看电影吧"；反之，你可以回答"不好意思，明天我没有时间，改天我请你去看电影吧"。

■ 观察对方的表情

对方的表情是我们判断对方意图的依据。当我们表述出自己的看法时，观察对方的表情，如果对方表现出一种兴奋、跃跃欲试的样子，就证明我们总结的意思诚如对方心中所想；如果对方出现蹙眉、冷脸等不悦的表情，就证明我们的总结是错误的。这时，我们需要转变话头，向对方致歉，并询问对方。

沟通中，如果对方说话冗长、毫无逻辑时，我们适时帮对方整理话题，便能对沟通的氛围起到促进、维持的作用。

9. 餐桌上，快速暖场的必备私人话题

情景对话

程璐去参加一场应酬，眼见老板与客户越来越词穷，于是在两人谈话停顿的时候，见缝插针道："李先生，刚才听您说贵公子在国外求学，不知道去的是哪个国家？"

李先生笑着回答说："美国哈佛大学。"

程璐惊讶道："厉害啊，贵公子将来一定大有作为，不过在国外求学，和您就聚少离多了。"

李先生感慨道："是啊，不过年轻人多出去见见世面也挺好……"

程璐与客户聊起了家常，她的老板见谈话气氛变得越来越融洽，也逐渐加入了话题。

分析

很多人认为在餐桌上谈论他人的私生活是不礼貌的行为，其实这

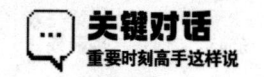

是一种偏见。良好的私人话题不仅能活跃席间的气氛，还会在无形中增加彼此之间的亲密感。只不过我们一直以来不懂如何将私人话题带入饭局之中。有些人认为彼此不太熟悉，因利益才交往，随便谈论对方的生活，难免有调查的嫌疑。但只要我们懂得什么话该说，什么话不该说，找准说话的时机，与对方展开私人话题的交涉，就会彼此之间建立起深厚的友谊。

比如，当你在沟通中了解到对方的亲人是重病患者，那么最好避免此类话题，不然会将沟通的气氛变得凝重。

当我们在与别人谈论私人话题时，尽量选择一些没有负面导向的话题。比如，你的沟通对象喜欢旅游，你就可以询问对方最近是否去过新地方，遇到了哪些趣事和风俗习惯等。如果你了解到有更好的地方，不妨介绍给对方，只要你说得精彩，一定能够引起对方的共鸣或者好感。总的来说，在餐桌上与人聊私人话题，就要从对方近期的私人生活入手，因为对于快乐的事情，谁都有想要分享的欲望。

实战指南

对沟通而言，从身边的事情出发，能够让对方打开心扉，拉近彼此之间的距离。那么，我们应该如何优雅地与对方谈论私人话题呢？

■ 拒绝"审问"，分享态度

很多人认为谈论私人话题容易惹人反感，是因为他们没有找到私人话题正确的打开方式。一味地使用单方面询问的方式，会给对方一种被审问的感觉，从而降低对方沟通的热情。比如，"你有孩子吗？""打算什么时候生孩子？""孩子多大了？"

我们不妨在选择话题之后，以一种分享自身态度的方式与对方进行沟通，多使用"是否喜欢""容不容易"等词汇，使彼此沟通起来没有太大的压力。比如，"你喜欢孩子吗？现在当父母啊，真是越来越不容易了。"

对方往往能够产生共鸣，自然而然愿意与你分享信息："喜欢是喜欢，但是现在工作太忙，还没有打算要孩子""哎，家里生了两个孩子，现在累得要死"等。此时，双方的关系就拉近了。

■ 变"炫耀"为揭短

我们先对自身的情况进行陈述，再向对方提出一个开放性的问题，是一个很好的沟通技巧。抛砖引玉自然可以保证沟通前后的连贯性，但容易将自身情况的陈述变为炫耀。

比如，情人节前后，你对一个女孩说："情人节的时候，我男朋友送给我一个新款的包包，我特别喜欢。对了，你跟你男朋友最近好吗？情人节的时候他送你什么礼物了？"其实，你的本意是想了解对方最近的情感状况，却给了对方一种"炫耀"的感觉，让她感受到了压力。对方在回答你的问题之前，心中不免会嘀咕："你有礼物了不起啊？"

如果同样的话题，你以自曝其短的方式表达出来，效果就会好很多。比如，"我朋友最近经常加班，我们相处的时间特别少，我不开心的时候，他也只会用买包的方式来哄我。我看你男朋友对你就特别用心，你们有什么相处的秘诀吗？"

- **避免触及对方的禁区**

同一个话题，对一个人来说可能是开心的话题，对另一个人来说也可能是对方的禁区。所以，我们在沟通时要尽量将话题抛给更多的人，避免因某句话的失误而引起他人的反感。选择一个能够引起共鸣的话题，便能你一言我一语地聊下去。

比如，你想了解对方的工作状态。你可以说："我觉得自己最近的工作特别无聊，可就是下不了决心换工作。我看你们都挺有干劲儿的，你们是怎么做到这么上心的？"

在餐桌上与人谈论一个空泛的话题，只会将彼此之间的关系维持在一个相对疏远的距离上，而谈论私人话题能够促进双方好感的产生。只要我们能够把握好其中的分寸，就能够使沟通变得更加融洽。

10. 聊天冷场时的6个急救话题

> 情景对话

何涛遇见了自己的校友，兴奋地向对方打招呼。两个人简单寒暄了一下，聊了聊彼此最近的状况。之后，两个人都不知道聊什么好，彼此相视一笑，气氛显得有些尴尬。

何涛率先打破了僵局："最近新上映了一部电影，叫《少年的你》，你看了吗？"

校友回答说："看了，大众的评价还不错。其实仔细想想，在咱们上学的时候，这种霸凌事件或多或少都存在。你还记得高三那年发生的那件事吗？"

何涛想了想回答说："你是说当初那几个当地学生欺负外地学生的事？"

校友："嗯，当初真不知道是什么想法，每个人都认为有问题找老师是一种懦夫的表现，而任由对方如此横行霸道。"

何涛："当时年纪小，因为害怕，就只能这样了吧。不过，说实话这部片子男女主角的演技确实很不错。"

校友："嗯，确实比当下的一些演员要好太多了……"

……

分析

沟通中冷场的情况在生活中时有发生，相信很多人都遇到过。一般来说，导致冷场的主要原因有：彼此之间不大熟悉、跟异性单独相处的时候、身份地位差别较大、都是比较内向的人、有利害冲突的人、心境差别较大等。

冷场是沟通即将结束的前兆。如果在沟通中出现长达半分钟或更长时间的沉默，就意味着离双方互说再见已经不远了。当双方话不投机或无话可说，从而导致冷场时，我们该如何展开话题呢？

一般来说，沟通过程中一旦出现冷场，就不要再在之前的话题上再做纠缠。迅速地转移话题，才是打破冷场的关键。无论你选择什么样的话题，本质上都是要凭借这个新的话题来代替之前冷场的旧话题，但话题的选择一定要慎重。

实战指南

当我们在沟通中遭遇冷场时，可以使用以下6个急救话题来打破冷场，令彼此之间的沟通升温。

■ 聊最近的新闻和热点事件

近期的大众热门事件很容易制造话题。之所以被称为"热点"，就是因为最近很多人都在关注这件事。所以，你不用担心对方会对你提出的话题一无所知。

此外，针对对方在沟通中透露出的兴趣趋向，选择恰当的热门话题。比如，和女生沟通："你知道吗？某明星最近结婚了，伴郎团真是太帅了"；和男生沟通："唉，××篮球队居然输给了××篮球队，真是太可惜了"。

■ 探讨一些冷知识

很多人都有好奇心，我们可以尝试着提出一些奇怪的冷知识来引起对方的兴趣。当对方产生疑问或者好奇时，你可以为其讲解一番，使聊天氛围重新升温。

比如，"你知道人打喷嚏的时候是无法睁着眼睛的吗？有人说是怕眼睛掉出来。""你知道人的两个鼻孔是轮流呼吸的吗？在感冒的时候，你就会发现有时候自己呼吸很顺畅，而有时候就特别难受。"

■ 聊一些能让人产生联想的话题

如果你能提出一个可以令人产生联想的话题，那么谈话内容就能随之变得丰富。在沟通中，你也能够了解到对方的爱好、性格等。通过对方对某件事情的表述，明确对方的观点和立场，为接下来的话题延伸打好基础。比如："假如你要去旅行，你会选择去哪里？"

旅行是一个多角度的话题，曾经去过的地方、计划要去的地方、旅行途中遇到的人或事等。这个话题永远不会令双方没话讲，而且在沟通中很可能因为相同的观点增加彼此之间的好感。

类似的问题还有："如果让你选择一座城市养老，你会选择哪里？""如果不考虑赚钱的话，你最想从事什么样的工作？"

■ 谈论自己的经历

讲述自己生活中遇到的某件事，询问对方的看法和建议。这样能够使对方从侧面了解你对工作生活的态度，同时通过对方的观点窥视对方的心理，达到相互了解的目的。

但要注意，不要向别人传递"社会多么黑暗""职场多么不公平"等负能量，尽量挑选一些有趣好笑、无伤大雅的事情来分享。

比如，"其实我就是长得显老，以前上学的时候，总有家长把我当成老师。"

■ 谈论彼此都熟悉的人或事

将沟通内容放在双方都熟悉的范围内，比如彼此都感兴趣的事、熟悉的人等。谈到两个人共同了解的事情能够让对方有话可说，从而缓解冷场的气氛。如果彼此之间有共同的朋友，不妨以他为中心，展开话题。

比如，"我觉得某人的性格真的很好，对谁都客客气气的，你对他有什么印象？"

■ 谈论童年的糗事

每个人都会怀念童年时的单纯、无忧无虑,对童年的记忆也颇为深刻。彼此一起重温童年时的美好,更容易使双方产生情感上的共鸣。而且,童年能够让人联想到很多人或事,总会有说不完的话题。

比如,"我记得我小时候做过很多蠢事……你呢?"

善于寻找新话题能够让我们在人际交往中如鱼得水。这项能力是彼此之间感情和友谊的催化剂,也是一种避免或打破冷场的武器。

第二章
关键时刻，会说话更要会接话

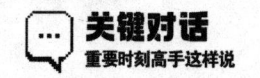

1. 避免让自己成为"话题终结者"的4个方法

情景对话

晓芸在微信群中分享了自己新买的包,群里的朋友便开始议论纷纷。

雅芙:"哇,这是今年的限量款吗?好漂亮。"

金铭:"和你的衣服很搭啊,男朋友给你买的吗?"

晓芸:"嗯,昨天是我们恋爱三周年的纪念日,我还担心他忘了呢!"

雅芙:"你太幸福了,我也想要一个这种款式的包。"

金铭:"这款包一定不便宜吧?"

晓芸:"还好吧,我问他,他说找朋友代购的。"

晓峰:"假的,正品限量款上的品牌LOGO没有这么大,而且颜色也没有这么暗。"

......

分析

在生活中，很多人都会遇到这样的情况，大家在一个微信群中闲聊，其乐融融。突然，有人冷不丁抛出一句话，所有人瞬间集体沉默，场面十分尴尬。这种人就是"话题终结者"。

让我们来看看"话题终结者"具体都有哪些表现。

他们说话心直口快，自认为是坦率真实，实际上是说话不经大脑，让人很不舒服。比如，周围的人称赞一个人皮肤特别好，他突然来一句"说实话，有点黑"。

他们喜欢泼别人冷水，体现自己的优越性。无论别人说什么做什么，都会倾向于否定对方的想法和做法，以显示自己的学识渊博。一群人在讨论《三国演义》，他突然冒出来一句"真不懂你们为什么对杜撰的历史这么感兴趣"。

他们总是将恶意调侃当作幽默。经常拿别人的短处或糗事作为开玩笑的资本，大肆宣扬对方的不足，得意扬扬地自认为活跃了气氛。比如，他会毫不顾忌地说："你这个'死肥宅'怎么可能有女朋友？"

他们热衷于辩论。无论讨论什么事情都要证明自己是对的，而且经常打断对方的话，对沟通的主导权有着强烈的渴望。

经常把天聊死的人，往往读不懂别人的情绪和潜在含义，只顾一时嘴快，伤人于无形。最可怕的是，这种人还不自知，当别人一脸不悦的时候，他还不知道发生了什么。

成为"话题终结者"的重要原因就是，你聊天引导的方向是大家不喜欢的，要么是一竿子打翻一船人，要么是戳到别人的痛处，当然没人愿意和你好好聊下去了。

实战指南

那么，我们应该如何避免自己成为一个"话题终结者"呢？

■ 讲别人接得住的话题

当你在群里讲话时，一定要有意识地避开冷门话题，避免让对方无话可接。例如，你是学高空物理、量子力学等专业的，你说的东西，别人听得一头雾水，怎么接？尽量选取当下热门的话题，让对方能够接得上话。

■ 不轻易改变谈话的主旋律

尽量不要轻易改变谈话的主旋律，当大家都在对一件事情表达期待或者正向的看法时，你可以保留自己的看法或者委婉地提出自己不同的看法，切忌提出与主基调相反的看法。

■ 顺着别人的话题往下聊

当别人正在悼念科比去世的时候，你一句"你们谁看《囧妈》

了"很可能就会成为话题终结者。

当我们与不熟悉的人沟通时,需要在对方说话时注意观察,迅速抓住他们的关注点。比如,热衷于谈论NBA的人一定喜欢篮球,喜欢聊电影的一定经常看电影。所以,我们可以顺着对方的话题继续往下聊。

你可以这样开口:"你听说过……吗?""我觉得……不错。""最近的……你有关注吗?"同时,你也要注意对方的性格,如果对方活泼,你提出的话题可以随意一些;如果对方内向稳重,你最好不要选择比较露骨或私人的话题。

■ 给对方接话的机会

当别人对你提出问题时,如果不符合实际情况,一般你都会否定。这时候,不要停下,你可以再加上一句解释,给对方留下继续与你对话的"引子"。

比如,在"我不是东北人"后面加上一句解释:"我生在江苏,祖籍在东北"。

当因无法脱身而拒绝别人的好意时,生硬的回绝会让对方反感,如果在拒绝后面加上一句肯定的话,效果就会有所不同。

比如,在"我今晚要加班,参加不了"后面加上一句肯定的话:"不过明晚有空,我很愿意去"。

当你无法满足对方的要求又无法给出确切的答复时,那就在拒绝后面加上一句反问。反问可以让话题继续下去,或者也可以换一个话题，不至于尴尬。

比如，在"我去不了，周末的时间被安排满了"后面加上一句反问："我记得你周末也要带孩子，怎么突然有时间了"？

总而言之，在沟通接话时，一定不要忽略对方，切忌以自己为中心，如此才能让自己避免成为一个"话题终结者"。

2. 打招呼之后该如何避免沟通出现冷场

情景对话

对话1

女孩："嗨,好久不见。"

男孩："好久不见。"

女孩："最近还好吗?"

男孩："还好。"

对话2

女孩："嗨,好久不见。"

男孩："好久不见,哇,你瘦了好多。"

女孩："还好吧,最近一直在外面漂。"

男孩:"去旅游了吗?"

女孩:"嗯,去了一趟哈尔滨。"

男孩:"听说那里的冰雕特别好看,你见到了没?"

女孩:"我刚想和你说,在现场看完全是另一种效果,你有机会一定要去看看。"

……

分析

很多人都会遇到这种状况:当一个许久未见的人和你打招呼,你礼貌地做出回应之后却不知道应该开启什么样的话题,两个人相对无言,尴尬又沉默,或者聊完一个话题之后找不到合适的话题使交流持续下去。

如果我们选择与个人相关的话题,非常容易涉及对方的隐私,显得有些唐突,甚至会触及对方的敏感点,令彼此之间发生不愉快的事情。所以,如何展开话题就是我们在出于礼貌回应对方之后需要考虑的问题。

蔡康永曾经说过:"当你和别人聊天没有话题时,那就聊吃的!吃是永恒且通用的话题,作为闲聊的话题很少会有人拒绝。它既不涉及个人隐私,又能够帮助你营造轻松的谈话氛围。"当你与对方打过招呼之后,不妨尝试聊一聊美食。比如,今天的天气很热，与客户见面的时候，对方兴奋地向你打了声招呼："今天真的好热啊。"你回答说："对啊，是很热。"此时如果你不能展开话题，双方的沟通可能会就此打住。所以，你不妨回答说："之前在您的朋友圈中晒出来的晚餐，看起来很美味啊，是您做的吗？"这句话不仅赞美了对方的厨艺，还成功引出了话题。如果对方回答："没错，就是我做的。"你就可以顺势继续夸赞对方，使沟通进行下去。

如果对方表示不是他做的，是他的老婆做的。你也可以顺势夸赞对方的老婆多才多艺、温柔体贴。比如："有这样一位老婆，您真是太幸福了。"等对方心花怒放之后，便可继续深聊下去。

很多时候，有些人总会以家庭、收入等私密话题进行开场，最终导致了冷场。因为你不确定对方对这个话题的了解程度。可能你非常了解的话题，对方只了解一点皮毛或者根本听不懂你在说什么，如此一来，聊天如何能够继续下去？

你不妨尝试一下用"美食"和"旅行"等话题开启彼此之间的沟通。随着人们的生活越来越富裕，日常旅游已经成为人们生活的常态。交谈的时候，聊一下"旅游"话题，也能快速打开聊天的局面。

比如，对方说"我的老家在昆明"，你就可以回答说"这个地方我曾经去过，风景如画，尤其是气候很不错"。所以，当对方和你打完招呼之后，不妨用"美食"或"旅游"等话题来救急。

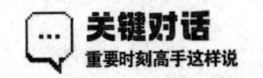

实战指南

那么,当别人和打招呼之后,我们应该如何回应,才能避免沟通出现冷场呢?

- **主动询问**

在双方之间的寒暄结束之后,我们可以主动询问对方一些问题,开启令对方感兴趣的话题。不过,我们要注意一点,询问不代表刨根问底。类似年龄、收入等比较隐私敏感的话题就不要去问。我们可以将目光放在对方的品位或行业方面的话题上。

比如,你可以说:"哎,你是不是换发型了?""你最近事业发展怎么样?"

- **主动迎合**

在我们与对方聊天的过程中,可以主动试探、分析,了解对方大概是一个什么样的人,就能够由此分析出对方大概会对什么话题感兴趣。比如,当你和一个穿着高级西装、彬彬有礼的商务人士聊天时,可以跟对方聊聊股市、经济等话题;如果对方是一个作家,就与他聊聊文学和艺术创作。

- **说对方感兴趣的话题**

因为如果我们知道对方在某方面并不感兴趣,就不要在聊天中刻意提起了,要懂得自己说出的话要尽量让对方感兴趣,这样才有利于双方的交流和互动。

　　有人说,与人沟通就是要学会没话找话的本事。在与他人寒暄之后,顺利地开启话题能够使我们在社交中如鱼得水,可以让我们和大部分人聊到一起,最终增进彼此的感情,加深彼此之间的友谊。

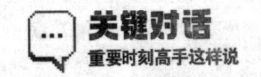

3. 如何与陌生人聊天，才能越聊越嗨

情景对话

对话1

陌生人："我准备买点材料做卤菜。最近在追一个综艺，里面教了一个做卤菜的方子，挺不错的。"

你："我知道那个综艺，网上说他们的顾客有些是托儿。"

对话2

陌生人："早上吃的什么？"

你："我妈在家包的馄饨。"

陌生人："好棒呀！阿姨好精致啊，我妈妈会包饺子。"

你："比起饺子，我更喜欢吃馄饨。"

分析

当陌生人主动找你聊天时，对于你的第一句话十分重视。两个人初次见面时，第一句话决定了你在对方心目中的印象，而且这个印象往往难以改变。如果你的回应给对方留下了一个不好的印象，那么在以后的日子里，你可能需要花费十倍的努力去改变这个印象。甚至，有些人会因为第一印象不好而拒绝和你交往，你连改变的机会都没有。一个好的开场白，能让对方放下戒心，迅速拉近彼此的距离。

通常而言，与陌生人打交道时，因为彼此不熟悉，所以他的心中会保持较高的戒心。这是正常现象，同时也是一种初次社交障碍。尤其是，很多人因为性格内向，容易紧张，初次见面时不知道从何说起，常常会出现冷场的局面。这不仅会让对方尴尬，也会让自己无所适从。

想要说好第一句话，开口就给对方留下一个好印象，关键在于你的话是否能够引起对方的兴趣，让对方在听完你说的第一句话之后，还有继续交谈下去的意愿。

比如，在寒冷的冬天，你与一位陌生人见面，对方可能会以"今天真冷"为开场白。这句话虽然也能够引出一些话题，但是它太过普通，引出来的对话可能不咸不淡，并没有多少实际意义。你需要避免你的回应使对方失去交谈下去的兴趣，使话题陷入终止的险境。

如果你回答说："北方的冬天实在是太冷了，我从小在南方长大，对这种天气实在是难以适应。不过，为了能够看到漫天飘雪的美景，再冷我也要待在这里。"

如果对方同样是在南方长大的，这句话就会引起他的共鸣。开启雪和气候的话题，你们可以聊上三天三夜。如果听者是北方人，听到你喜欢北方的雪，内心就会生出一种自豪感和认同感。同时，他还会出于对你生活环境的好奇，抛出各种话题。

你来我往之间，就可以将话题越聊越深入。你就可以拥有更多的机会，将话题的方向不经意间转移到你的目的上。

有时候将自我介绍与开场白恰当地结合，既不会让人觉得牵强，又能够让对方在第一时间对你有一个初步的了解，从而产生亲切感，愿意继续和你深入地聊下去。当然，除此之外，与陌生人初次见面，你还可以将下面几个方法结合到你的回应中，以此来打开一个比较好的交谈场面。

实战指南

当陌生人主动找我们聊天时，我们应该如何回应呢？

■ 攀认关系

和陌生人初次见面，恰好你身边有他认识的人或者是他身边有你认识的人，第一句话就可以从关系开始聊。比如，赤壁之战的时候，鲁肃去见诸葛亮，开口的第一句话就是："我，子瑜友也。"这里的子瑜是诸葛亮的哥哥，同时也是鲁肃的挚友，开口的第一句话鲁肃就搭建起了与诸葛亮之间的关系桥梁。

你在与陌生人交谈的时候，第一句话也可以从关系下手，快速拉近彼此的距离，让对方放下戒心。同时，在攀关系的时候，你要注意，这个关系不能太远，是对方熟悉并且直接接触的人，这样才能取得较好的效果。

■ **赞美对方**

对于初次见面的人表示敬重仰慕，既肯定了对方的成就，又能表达自己的热情。比如，对方是一位讲师。你可以说："我听过您的很多演讲，受益匪浅。今天能够在这里和您见面，真是太荣幸了。"

你说话的时候要注意分寸，不要太过吹捧，说一些比较虚伪的话，这样只会显得你过于谄媚。同时，也容易让对方产生戒心，认为你是想要从他那里得到什么好处。所以，当你说话时，最好能够将对方的成就点出来，并点明对你有什么帮助。

我们在与人交谈的时候，要注意礼貌；向对方问候致意时，应尽量使用敬语，比如将"你"换成"您"，多用"请""麻烦""劳驾"等词语。如此，你便能在对方心中留下一个谦逊有礼的印象。

同时，在与陌生人见面时，你还要多观察，从对方的神态、动作、衣着等方面判断他的心情，选择最适合的回应方式，拉近彼此的距离，让聊天变得更加顺利。

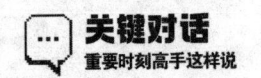

4. 安慰到位，才不会让友谊的小船说翻就翻

情景对话

女孩："今天工作太累了，肚子也痛了一天。你说领导干吗那么挑剔，哪有那么完美的东西，完全不考虑下面人的承受能力。"

男孩："别提了，我的领导更过分，今天项目的报表格式有问题，就硬生生让我从甲方那里拿回资料重新做了一遍，整整100多页呢。"

女孩："我真有点不想干了。"

男孩："你那工作，确实没什么前途，工作辛苦工资又不高，早就应该换了。"

女孩："说得轻巧，我不上班了，房贷、车贷拿什么还？"

分析

人与人之间的相处可以看作是一种管理对方情绪的艺术。当你的安慰能够成为对方心中的体己话，你就能够俘获对方的心。但有些安慰，不但不能治愈对方，反而会让对方感觉更加难过。

比如，轻描淡写的安慰。朋友失恋或者事业受挫，你说"没什么大不了的""时间会治愈一切"，如果对方能够正确看待自身的遭遇，保持心情平和的话，这种安慰确实能够发挥作用。一旦对方无法接受当下的后果，你选择如此轻描淡写的安慰，会显得不太近人情。远不如安慰对方"别再压抑自己了，哭泣、怨恨、报复都可以，你要说出来"能够帮助对方接纳自己的情绪，然后通过疏导使对方逐渐平静下来。

大道理式安慰。"人生就是如此，哪有人总是一帆风顺的！""这是你的选择，你就要为它承担后果！"当对方沉浸在负面情绪中时，你却为对方讲这些空泛的大道理，会有"站着说话不腰疼"的嫌疑，让人感到厌烦。

"想开点，塞翁失马，焉知非福。"这也是一种招人厌烦的安慰用语，它在一定程度上会让对方感觉你没有将他的苦难当回事儿，会有一种嘲讽对方"身在福中不知福"的嫌疑。引导对方往好处想并没有什么问题，但引导过程一定要循序渐进，使用各种理由与证据进行辅助，直接将这种思维展现在对方面前难免会令人难以接受。

朋友之所以向你倾诉，寻求安慰，是出于对你的信任。他认为自己此刻的脆弱是能够与你分享的，而不是为了受到你的轻视和教育。

实战指南

朋友向我们寻求安慰时,我们应该如何接话才能得到安慰对方的效果,避免使沟通陷入尴尬的境地?

■ 感同身受,给予支持

感知对方的伤心与难过,并理解这件事对他的意义,让对方感受到你正在努力体会和理解他的感受,你能够体会他的伤心和难过。不要试图纠正对方的情绪,而是主动进入对方的情绪中,给予对方支持和安慰。

比如,"我知道你很难过,我会一直陪在你身边!""那种感觉一定很纠结,但无论你做出什么样的选择,我都会支持你!""如果你有什么需要,尽管告诉我。"

■ 旁敲侧击,循循善诱

"我认为你应该……"这种安慰很容易被理解为控制而遭到对方拒绝。我们的关心不能演变成对别人的指手画脚,至少在对方眼中不能被看成是教对方做事。我们可以用讲故事的方式,将道理隐晦地传递给对方。

比如,对方因失恋而感到难过,你可以安慰说:"给你讲个故事吧,从前有一只非常可爱的熊猫,它特别想体验一下恋爱的感觉,但是它又不想找它的同类。于是,它找啊找,终于找到了一只刺猬。刺猬每天会给熊猫带来很多的乐趣,它们在一起很开心。但是熊猫知道,刺猬并不是自己最终的归宿,因为它们每拥抱一次,也许对刺猬来说是爱，但是当一根根刺刺入熊猫体内的时候，对熊猫来说，其实更多的是痛。我觉得你就像是那只熊猫，刺猬肯定不是你的菜，你要找一只和你一样的'国宝'才行。"

■ 现身说法，暖心安慰

很多会说话的人在安慰别人时，都会把自己亲身经历的事例变成素材，向对方现身说法，因为亲身经历的事例最真实、最有说服力，因而也更能打动人。

安慰者现身说法，更有利于把自己摆在和对方平等的地位上，这样对方就会想："既然你能做到，那么我也能够做到！"心态自然也就积极起来了。

安慰对方的唯一原则就是从对方的角度出发，体会对方的情绪，感知对方的需求，而不是用自己的想法代替对方的需要。否则，你安慰对方的话很可能会使友谊的小船说翻就翻。

5. 贬低对方只会让沟通陷入僵局

情景对话

对话1

心蓝是一个很朴素的女孩子，平常很少给自己买昂贵的衣服。她在自己生日那天咬牙给自己买了一件看中很久的裙子。同事们看到之后，纷纷称赞她。有人说，裙子和皮肤很搭，整个人都很有气质；有人说，裙子好像是为她量身定做的，特别显身材。

心蓝害羞地说："哪有，你们太夸张了。"其实，她心里是美滋滋的。

这时，突然有一位同事仔细打量了她一下，说道："这裙子挺贵的吧？不过你的皮肤有点黑，面相显老，这么嫩的颜色根本就不适合你。"

心蓝顿时心生不悦，什么也没说就径直走开了。

第二章 关键时刻，会说话更要会接话

> 对话2

芳芳带着自己攒了很久的钱买的包包来到公司，昂首挺胸，显得特别有自信。迎面碰上了一位前辈，她赶紧打了声招呼。前辈笑着对她说："哟，买新包了？这包果然就是女人的第二张脸，感觉气场都不一样了。"

芳芳心中一喜，刚要说话。前辈的下一句话立马让她坠入冰窟："不过你这高仿包可千万别让客户看出来啊！"

> 分析

总有人喜欢通过贬低别人来凸显自己的高级或者与众不同。当别人终于换了一部性价比较高的手机时，他一定会阴阳怪气地说："这都什么年代了，谁还用这款手机啊。前不久，我刚给我女朋友买了一部最新款的××。"当别人的言谈举止不大得体或者某位女士的衣着服饰不搭时，他会不屑地说："你呀，不会说话就多看点书""天呐，你出门不照镜子吗，你觉得你穿这件衣服好看呀？"

这种贬低的可怕之处在于贸然给人定性。从某件衣服不好看就认为别人品位差，从看某种视频就认为别人很幼稚……心理稍微脆弱一点的人，无论心怀多大的热情都会被浇灭。

对沟通而言，贬低对方会严重影响彼此之间的沟通气氛。无论出于什么角度，你的贬低都会给别人带来思想上的不愉快，从而令对方

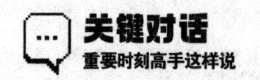

产生不满或怨恨的情绪。尤其是当对方向你展示自己的优势时，你一旦不懂得如何接话，选择以这种恶劣的方式来证明自己，最终只能把聊天推入僵局。

实战指南

"物往贵处说，人往年轻讲"是一种赞美他人的技巧。如果我们在沟通中能够恰当地使用它，一定能为沟通气氛增色不少。

■ 物往贵处说

每个人都希望自己能够以"廉价"购得"美物"，即使自己不善于购物，也希望自己的购物能力得到别人的认可。

比如，当一个人花了80元购买了一件物品，别人却认为只需要花费40元时，他就会产生一种失落感，觉得自己不会买东西。相反，当一个人花了40元买了一件东西，别人却认为需要80元时，他往往会有一种兴奋感，认为自己很会买东西。正是这种心态的存在，"物往贵处说"便成了一种很好的沟通手段。

当然，"物往贵处说"确实能够获得对方的好感，但前提是你需要对某件商品的物价有一个清晰的认识，不能盲目高估，否则会起来适得其反的效果。

比如，当别人向你展示了一条价值400元的裙子，你可以猜测其价值为500元或600元，但不能张口报价2 000元。

■ 人往年轻讲

大部分人对自己的年龄是敏感的，尤其是女人。试想一下，如果一个30出头的小伙子被人当成中年人，明明只有20岁的年轻女孩被人称为阿姨，他们心中会是什么样的感受。

出于成年人普遍存在的怕老心理，"人往年轻讲"能够使对方觉得自己显年轻，保养有方等，进而产生心理上的满足。

比如，一位30多岁的女士，你说她看上去只有20多岁；一个60多岁的男人，你说他看上去只有40多岁。这种"错误的判断"不仅不会令对方认为你眼力不够而对你心生反感，反而会从内心接纳你、喜欢你。

"物往贵处说，人往年轻讲"，说到底就是一种通过说话的技巧给对方带来足够的欢乐和满足的方法。对于沟通而言，这种微不足道的"谎言"能够拉近彼此之间的距离，使沟通变得更加顺利。

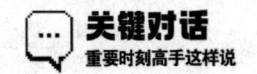

6. 高情商回复别人的赞美

> **情景对话**

两位多年不见的老同学碰巧在街上遇见。海昌笑着说:"听说你小子进名企了,真厉害,要不说当年老师们都认为你将来会有出息。"

浩博:"哪里啊?我压根就不行,完全就是瞎混。"

海昌:"那种企业可不是随随便便就能进的,听说福利特别好。"

浩博:"嗨,在哪儿都一样,混口饭吃。"

> **分析**

我们经常能遇到被别人夸赞的场面,夸赞学校好、相貌好、人际关系好等。但基于我们从小受到的教育,我们会以谦虚的态度来极力否定这些赞美,表示自己做得不够好。这种对赞美的回应,一方面显得自己不够大气,另一方面也会令赞美者无话可接。

面对赞美时，你的否定很容易让对方感觉是一种虚伪，内心觉得自己很了不起，嘴上却说得很谦卑，内心的感情与表现的形式不统一，让人看着不舒服。当你真的认为自己还有很大的进步空间时，我要发自内心地给人一种真诚的感觉。

但是，我们要知道谦虚是有底线的，过度的谦虚会令彼此之间的沟通气氛陷入尴尬。比如，一位朋友夸赞你："哇，你真的太厉害了。"如果你回答说："哪里哪里，这算什么本事？"对方将不知道如何作答。而且这种回应赞美的方式表面上看似谦虚，实际上暗中增加了两个人之间的距离感，不但否定了对方认同自己的评价，还夸张地贬低自己，令别人陷入难堪的境地。

谦虚过度，实际是一种"明褒暗贬"，表面上十分客气，但是内心是排斥别人的，而且比光明正大的接受更加讨人嫌。光明正大的接受对方的赞美虽然会令人感觉不舒服，但至少是对对方眼光的一种认同。而过度谦虚的做法，从一开始就是在炫耀，将谈话的重心转向自己，通过贬低自己来展示傲慢，虽然披着谦虚的外衣，但本质上却是一种蔑视、无视。

所以，在沟通中有人真心夸赞你的时候，你一味地谦虚只会令对方无话可说，成为彼此沟通的阻碍，以至于对方只能早早地结束话题。

实战指南

在社交场合，当有人真心称赞我们的时候，我们该如何回应对方的赞美，做到大方自信呢？

■ 赞美对方

当对方直接赞美我们时，必须向对方表达谢意。我们在感谢对方赞美的同时，可以适当地赞美一下对方，可以针对被赞美的点直接反夸对方或者给出具体的点表达要向对方学习的意愿。这样，彼此之间的沟通就会变得更加愉快了。

比如，对方夸赞你的口才好，你可以回答说："谢谢啊，不过我更羡慕你的口才，被你这么一夸，我就自信多了。"对方夸赞你的能力好，你可以回复说："谢谢，在系统分析方面，我还是要向你多多学习。"

■ 关注对方

当对方借用第三者来表达对我们的赞美时，尽管赞美来自第三者，我们在做出回应时也要将话题转移到对方身上，不能冷落了对方，以免令对方失去继续沟通的兴趣。

比如，对方说："听前辈说你做的红烧肉特别好吃，没想到你居然还会做菜。"你可以回复说："哈哈，那是我的拿手绝活，不过比前辈煲的汤还差那么一点。对了，你会做菜吗？"

■ 赞美身边的人

当三个人交谈，对方只夸了你却忽视了旁边的人时，虽然你是被称赞的人，但也会与另一个人一样感到不舒服。而此时，你就需要将置身谈话外的人拉进当下的沟通之中，避免让对方感觉被孤立。

比如，对方夸赞你的能力强时，你可以回复说："谢谢您的夸奖，但我在处理问题方面还是要向他多多学习。"

■ 赞美所有人

当对方夸赞你是某方面最优秀的人时，如果你坦然地接受了对方的赞美，可能会使周围的人心生不喜。所以，我们在人多的场合，面对极具针对性的赞美时，一定要将所有人作为一个整体，而不要将自己独立出来。

比如，对方称赞你说："你是我们这些人中关系处得最好的。"你可以回答说："谢谢，但你这个说法就不对了，我们哪个关系处得不够好吗？"当一个团队的项目得到肯定时，如果对方夸赞你是整个项目的功臣。你可以这样回答说："都是大家的功劳，我们都付出了很多。"

总而言之，当有人真心地夸赞我们时，我们一定要表示感谢，通过以上各种技巧避免令彼此之间的交流出现尴尬，使沟通难以进行下去。

第三章
积极倾听,把握好接话时机和内容

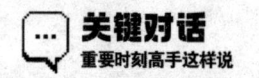

1. 听对方把话说完，接话不等于乱插话

情景对话

哈佛大学的校长办公室中来了一对老夫妇，他们对校长说："我们的儿子曾在哈佛大学上过学，现在他意外去世了，我们想在校园里为他留点纪念物……"

"对不起，我无法满足你们的要求，如果每个上过哈佛大学的人死去都要在校园留下纪念，那校园不就成墓地了吗？"校长不耐烦地打断了他们的话。

老夫妇连忙解释说："不，我们的意思是捐建一座大楼，我们准备……"

校长再次打断了两人，言语中略带轻蔑："你们知道捐建一座大楼要多少钱吗？至少要750万美元呢！"

老夫妻听完之后陷入沉思，片刻之后，这对老夫妻说："750美元就可以建一座大楼？我们何不建一所自己的大学呢？"

于是，斯坦福夫妇离开了哈佛，来到加州，成立了以他们儿子的名字命名的斯坦福大学。

分析

虽然这个关于斯坦福大学的传奇故事是杜撰出来的，但在沟通中，很多人会陷入一个像故事中哈佛校长那样傲慢和偏见的误区。他们会将对方希望得到反馈的举动，误认为是该自己发表观点的信号，然后就是基于自我观点的一番长篇大论，丝毫不给对方说完的机会。

培根说："打断别人、乱插话的人，甚至比发言冗长者更令人生厌。"有人做过一项调查："如果你说话时被别人有意打断，你会是什么样的感受？"调查对象年龄跨度很大。结果显示，无论是孩子还是大人，任何人都对这种行为表示反感和气愤。

我们要知道，接话不等于插话，两者存在着明显的区别。主体的不同导致说话的效果有很大的差别，接话是以对方为主体，给予适当的反馈，自身仍处于倾听的状态；插话是以自身为主体，发表自己的观点和看法，强行终止了倾听行为。这也是插话之后，对方不愿继续倾诉的原因。

而且，插话更容易使沟通的气氛陷入尴尬。首先，贸然打断对方本身就是一个很不礼貌的举动。其次，对方的话还没说完，整体意思尚不明确，容易断章取义，对发表自身观点会产生误导作用。

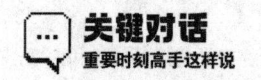

比如，男孩对女孩说："今天有一个人早晨上课的时候起晚了，跑到广场的时候才发现自己只穿了一条秋裤，真是丢死人了。"女孩插话："居然还有这么傻的人，如果我看见了一定把他拍下来。"男孩解释道："那个人就是我。"

千万不要过分相信自己的理解和判断能力。当别人还没说完时就乱插话，这种行为很容易产生误会，因为谁也不知道对方接下来会说出什么内容。

以自我为中心是人的思维惯性。所以，很多人都会在沟通中因不满意对方的观点而脱口而出："这话不太好吧"，或因疑惑对方的观点时插话道："你要说的是不是这样……"，最终因为不礼貌的插话使沟通变得困难，甚至不欢而散。

所以，我们一定要清楚，倾听过程中的接话是给对方的反馈或引导，不是对对方的疑惑和否定。

实战指南

不想因为胡乱插话让人讨厌，可以借鉴以下几点。

■ 多说安慰的话

当对方向你倾诉自己的难处和困境时，在需要你的反馈时，你可以恰到好处地说几句安慰或鼓励的话。比如："谈谈那件事吧，我理解你的感受""我明白这不是你一个人能左右的，你不要太难过""别担心，不会出什么事的"等。

此时，你表示的意思是，你愿意成为他的倾诉对象。无论对方说什么，怎么说，观点是对还是错，你都在听。这样有利于彼此之间的沟通交流。

- **疏导对方的情绪**

当对方的话语中掺杂着明显的负面情绪，并趋于爆发时，你可以适当地说几句带有疏导作用的话来缓解对方的情绪波动。

比如："我明白你的这种心情""遇到这样的事，谁都会心烦的""嗯，确实很令人气愤""不要太自责，这不是你的错"等。

这些话能够使对方认为你和他站在一起，你能够理解他。因此，他会更乐意向你倾诉，与你交流。

- **给予肯定**

当对方讲述自己做的某件值得夸耀的事情时，一定不要吝啬自己的赞美。不剖析、不质疑，只给予对他的肯定。

比如："嗯，做得真漂亮""你也太厉害了吧""你是我见过判断能力最强的人"等。

总之，我们在接话时一定要注意自己的立场，不要轻易下判断，也不要对对方的情绪做出对与错的表示。一旦你将谈话的主题转移到自己身上，你就会陷入倾听的误区，将彼此之间的沟通变得障碍重重。

歌德说:"对别人诉说自己,这是一种天性;认真对待别人向你叙说他自己的事,这是一种教养。"每个人都希望能够拥有话语权,被其他人重视。你可以接话,但千万不要随意打断别人说话。因为这是人与人之间相处最基本的礼貌。

2. 如果你不知道怎么接话，就重复对方的话

情景对话

一位推销晚礼服的销售走到一个年轻的女孩面前，微笑地问："您好，欢迎光临，小姐，看看有什么需要的吗？"

女孩拒绝说："没事，我就随便看看。"

销售向女孩展示了一些晚礼服，说道："您看这些礼服多漂亮啊！穿着它们参加聚会、宴会，一定会令您光彩夺目。我觉得您有必要准备一件。"

女孩："我平时就穿一些普普通通的衣服，很少去参加那种活动。"

销售："您的气质搭配这件礼服再完美不过了，只要有机会就可以去展示一下自己呀！"

女孩："我真的很少参加那种聚会。"

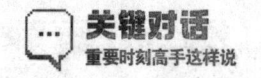

销售:"很少参加聚会不要紧。其实,像您这么优秀的女孩,总不缺少参加的机会。如果您愿意的话,您完全可以试着改变一下现在的生活方式。"

女孩:"有道理,不过我真的不太喜欢那些场合。"

销售:"我也不太喜欢那些场合,只不过有时候改变一下自己的生活方式,就能换一种心情,您觉得呢?"

女孩有些犹豫:"嗯……"

销售:"买一件备着吧,在适当的时候展示一下自己。"

女孩:"好吧,那就买一件吧!"

分析

在交谈的过程中,销售虽然对产品本身只字未提,却通过不断重复对方的话、自己的话将礼服卖给了这位"不需要"的女孩。这就是沟通中重复的魅力。重复自己的话能够让对方加深印象,而重复对方的话,能令其产生极大的满足感,提升对方谈话的欲望。

在倾听过程中,如果你不知道接什么话合适,那就可以适当重复对方的话。重复对方的话,就意味着"请帮我肯定或解释一下你的话"。而对方会毫不犹豫地做出判断或为你解惑,这样就达到了持续交流的目的。

比如,男孩:"这个假期你去哪里了?"女孩:"我去了南京。"

男孩:"南京吗?"女孩:"嗯,我想去看看这个六朝古都,而且这是我第一次去南京。"男孩:"哎呀,你是第一次去南京啊!"……

很多人都会认为重复对方的话会显得自己很啰唆,容易引起对方的反感。事实却恰恰相反。适当地重复对方的话,能够表示自己理解他的话,使对方认为你在专心地听他讲话,就会令他产生你很尊重他的心理,逐渐对你敞开心扉,彼此沟通的氛围变得更加融洽。这就是心理学中所讲的:"人们都有被尊重、被重视的欲望,有要求他人承认自己存在的渴望。"

绝大多数人对自己说出的话都存在一些潜在的情绪,尤其是在某种郑重场合经过深思熟虑说出的话。这些话对满足被他人承认的欲望有很重要的作用,一旦我们对对方的话不以为意或者不加重视,就很难留给对方好的印象。甚至对方还会对我们生出抵触情绪,将我们划入"道不同,不相为谋"的人群中。

所以,在一些访谈节目中,主持人在询问嘉宾对某件事情的看法时,一方面会点头表示赞同,另一方面也会适当重复对方的话。虽然他们可能是在无意识中做出这些举动,但不可否认的是,这种举动足以让对方认为自己的话受到了重视,而不由自主地提高交流的热情。

神经语言学里有一句十分有哲理的话:"有效果比有道理更重要。"所以,当你在倾听过程中不知道接什么话时,不要强行给出意见,不妨适当重复对方的话,也许更能促进沟通的效果。

实战指南

适当重复对方的话对沟通有促进作用,但关键在于"适当"。那我们应该如何理解"适当"这两个字呢?

■ 抓住对方的重点重复

有的人之所以会陷入将重复认为是啰唆的误区,就是因为无法抓住对方的重点进行重复。没有重点也就毫无意义,甚至还会暴露出你没有在认真听对方讲话。

如果你能够抓住对方的重点进行重复,不仅可以表明你在认真倾听,还能展示出对对方的重视。以文中的"南京"为例,"嗯,我想去看看这个六朝古都,而且这是我第一次去南京。"重点就在于"第一次",而不是"六朝古都"。

■ 将整段大意进行重复

当对方表达完一个观点之后,你可以回答说:"如果我没理解错的话,你的意思是……"这种重复能够令对方心生愉快。如果你的重复完全正确,对方就会说:"没错,就是这样"。而当你的重复有所遗漏,对方就会进行补充说:"嗯,是的,还有一点……"。如此一来,你们之间的沟通就会变得更加深入。

■ 注意重复的频率

我们要注意的是,没有必要重复对方所有的话,也不要不断重复确认一句话，这样对沟通并没有实质性的帮助。至少要当对方说出三四句话的时候，再进行重复。

  有时候，我们在生活中也会无意识地重复对方的话。如果你能够将这种能力放大，并合理地运用到倾听的过程中，那沟通的氛围就会随之改变，话题也会不断地延续下去。

3. 在倾听、接话的过程中，肢体语言的表达很重要

情景对话

面试官问了几个问题，在同行业工作了七年的王浩对答如流。看得出来，面试官对他很满意。

不过，当王浩了解到公司的薪酬制度时，感觉有点不符合自己的期望，眉头逐渐皱在了一起，双臂下意识地交叉在一起。

面试官问道："您对公司还有什么想了解的吗？"

王浩觉得面试就要结束了，下意识地瞥了一眼手腕上的表，问："公司的晋升机制是什么样的？"

……

王浩原本还犹豫要不要委屈自己先去这家公司干着，但没想到对方根本就没有录用自己。

分析

如果对方在听你说话的时候，跷着二郎腿或者双臂交叉于前胸，

你是不是会有一种不被尊重的感觉？相反，如果对方在听你讲述的时候，看着你的眼睛，自然微笑，若有所思，微微点头，你会不会觉得对方正在专注于你说的话，从而觉得舒适和愉悦？

美国著名人类学家霍尔曾指出人际交往中的常见现象："一个人倾听别人说话时，总会看着对方的脸，尤其是眼睛。为了表示注意，倾听者会轻轻地点头，或者说'嗯''是的'。如果那句话他深表赞同，他点头就会点得很深。如果表示怀疑，他就会扬起头、皱起眉毛或嘴角向下拉。如果不想再听下去，他就会将身子挪一挪，腿伸一伸，移开视线，或者不再注意说话人等。"

人对交流过程中的肢体语言十分敏感，而且对肢体语言的解读是与生俱来的。当你面对一个两岁的小孩子时，阴着脸，伸出一根手指指着他说话。即使你的语气再温柔，他也会认为这个大人生气了，此时你是很不开心的。

当你在倾听别人讲话时，双臂交叉同时避开对方的目光，偶尔摇摇头，即使你嘴上不停地说着"还行""不错"，对方也能够感知你的不耐烦和否定。任何动作，尤其是突如其来的动作最能够表现一个人的内心状态。当听你讲话的人，突然放下跷着的腿，身体自然地向你靠近，这就意味着对方对你所说的话题感兴趣或者表示赞同。反之，对方将身体缩进椅子或沙发内，就表示他对你说的话毫无兴趣。

只要我们开口说话，都会有意或无意地使用肢体语言来传递自身的感受。而有时候，一个人的肢体语言会比言辞更早在对方的心中建立第一印象。所以，在倾听过程中肢体语言的重要性不言而喻。

在交流的过程中，言辞固然能够给予对方相应的反馈，能体现一个人的态度，但一个人下意识的肢体动作会暴露出内心的想法。所以，我们在沟通或倾听的过程中，一定要将自己的语言、表情和动作做到一致，给对方一种真诚的感受。

实战指南

在倾听、接话的过程中，肢体语言的表达很重要。我们要学会用恰当的肢体语言来提升对方交谈的欲望，促进彼此之间的交流。

■ 选择正确、积极的肢体语言

坐姿端正：在倾听的过程中，如果你的身体上身坐正，微微前倾，会让人感到你对谈话的内容感兴趣，可以体现出你的专注和认真。

保持眼神交流：保持有规律的眼神交流，会向对方传达这样一个信息，即你很在意对方在说什么。千万不要死死地盯着别人的眼睛，一般正确的做法是将视线聚焦在对方的眼睛往下鼻梁的位置，以示尊重。

四肢放松：如果你的四肢无交叉或紧缩感，会让人感到你享受当下谈话的内容或气氛。

微笑：如果你面带微笑，在对方说到重点时微微点头，并辅以肯定的语言反馈，会让人感受你的真诚和友好。

■ 避免影响倾听的不良肢体动作

避免整个人都坐在椅子里，身体后仰，靠在椅背上，那会让对方认为你对当下的谈话内容呈厌烦的情绪。

避免手中一直摆弄小玩意，或者不停地翻看手机，或者左顾右盼，那会让对方认为你对他的话毫无兴趣，不过是硬着头皮，强撑着时间。

避免一直低头做自己的事，那会让对方认为你没有在听他的话，使他有一种被冷落的感受，以至于对方无心再说下去。

避免双腿交叉或把脚跷起，不时地摇晃，那会分散说话者的注意力，同时让人感觉你没有在用心听。

避免双手环胸，脚站三七步，那会让对方感觉你对他表示抗拒，充满敌意，在倾听的过程中会对说话者的心境造成不利的影响。

避免双手手掌以指尖相互接触，置手肘于桌上，那会给人一种由上而下的审视感，会让人感到你内心的轻视。

人们在不经意间暴露出的细节，往往最能表现出一个人内心真实的想法。所以，在倾听的过程中，我们一定要使用正面、积极的肢体语言，拉近双方的心理距离，避免细微的消极动作成为彼此之间交流的阻碍。

4. 听懂别人的"弦外之音"

情景对话

一个村庄的一户人家正在举办婚礼。按照当地的风俗，新郎家在结婚当天一定要好好招待新娘的娘家人。新娘的叔叔碗里的饭吃完了，但新郎家的人并没有发现这一点。于是，新娘的叔叔和同桌的媒人搭话："老王，你有没有听说哪里有收购杉树的？我家里有一批杉树，想要卖掉算了。"

媒人笑着问道："您的杉树有多大啊？"

新娘的叔叔将空的饭碗举起来，回答道："像碗口这么粗。"

媒人心思活络，一听这话马上吩咐身边的人为贵宾添饭。媒人客气地问："您的杉树打算卖多少钱？"

新娘的叔叔笑着说："原来的时候没饭吃，所以想着卖。现在有饭吃了，就不卖了。"

双方在欢声笑语中继续用餐了。

◐ 分析

俗话说:"听锣听声,听话听音。"一个人说的话,可能既有表面意思,又有深层的含义。这就需要我们在沟通时,揣摩对方的心理,领会对方的意图。如果堂而皇之地接话,不但不能与对方达成默契,反而会使气氛陷入尴尬。

弦外之音是沟通的一种方式。说话者通常碍于所处的环境或羞于表达自己的真实意图,就会将自己的想法融入自己的语言中。如果我们能够听出对方的"潜台词",就能够避免答非所问带来的尴尬,使沟通能够顺利进行。

在生活中,我们经常有听到弦外之音的机会。比如,主客之间的送客之言"留下来吃个饭吧";男女之间的暗示之语"明天就是情人节了";同事之间的相互推脱"这项工作不是我的专长"等。

但所有的"弦外之音"一定要放在特定的语境中。所以,当我们在揣测对方深意时,一定要将当时的情景带入,才能避免产生歧义。

比如,一对热恋中的男女在约会时有这样一番对话。

女孩:"我们什么时候一起出去旅游啊?我周围的朋友都去过了。"

男孩:"等我明年休年假的时候吧,我有7天的时间。咱们可以玩个痛快。"

女孩:"那万一明年我们分手了呢?"

男孩:"怎么会呢?亲爱的,我会爱你一辈子的。"

女孩:"那么远的事情,谁又能说得清楚呢?"

如果抛开当下的语境不谈,女孩口中的"万一明年我们分手了呢"会让别人产生两个人之间感情不是很稳固的想法。实际上,女孩只是在表达对自己还需要等很长时间的抱怨。然而,男孩却没有真正理解对方的意思,才会错误地接话。

但要注意的是,对于"弦外之音",我们要有洞察内在含义的敏锐嗅觉,也要防止因敏感的主观臆想将对方的无心之语也听出"言外之意"。

实战指南

在沟通中听出别人的弦外之音对于接话者来说很重要。那么,我们怎样才能从对方的话中做出判断呢?

■ 注意对方的语气和动作

当对方欲言又止时,他的肢体、表情会出现迟疑、犹豫的迹象。如果他此时开口或你小心询问,对方就可能很隐晦地将信息传递给你。

当对方在说话时，抛开个人习惯而论，突然对某个字的读音语气加重时，你需要思考对方特意加重读音的含义。

当对方说话的语气或语调突然发生改变也可能是出现"弦外之音"的时机。一般而言，人们在陈述一件事情时，不会改变语调，除非刻意为之，而刻意的目的就是吸引他人的注意力。

当对方认真重复某一句话或者离开前刻意交代你的话，都有存在潜在含义的可能。如果是重要的事情，他一定会有意识地再次重复。

■ 注意对方的话题开端

话题的开端往往是判断对方是否存在"弦外之音"最常用的手段。当对方挑选一些私密的话题进行询问时，你就要注意自己接话接得是否合理。

比如，当一个多年不见的好朋友突然问及你的经济情况，讲述当年两个人同吃同住，好不潇洒，他可能是想问你借钱；当父母询问你身边朋友的状况时，可能他们最想知道的是你是否有合适的男朋友或女朋友。

■ 注意沟通中某些字眼

当人们在说一些言不由衷的话时，通常会使用"坦白说""老实说"等字眼，这就表示对方并没有像自己说的那样坦白和老实。

比如，对方说："老实说，这件东西的价格已经很便宜了。"

实际上的意思是"这并不是最好的价钱,即便如此,你可能也会接受"。

　　要想听懂对方的话中话,我们要懂得察言观色,要从对方说话的本意去分析。只要我们有心,就一定能从对方的言语中洞察到他的真实用意。

5. 不同意别人的观点时，也要从认同开始接话

> 情景对话

楚庄王有一匹心爱的马病死了，便下令依照大夫的礼仪厚葬它。大臣优孟在知道这件事之后，见到楚庄王后抱头痛哭。楚庄王疑问道："你为什么哭得如此伤心？"

优孟回答说："这是大王你最喜爱的马啊，当然应该厚葬！我们堂堂楚国，地大物博，国富民强，什么排场摆不出来啊！而大王只是以大夫的葬礼来葬马，太寒酸了，我看应该以国君的葬礼来安葬它。"

楚庄王问道："那要怎么办呢？"

优孟说："应该用上好的雕玉和文梓来做棺椁，还要调动大量的士卒修坟，征用大量的百姓运土，送葬的时候，让齐国、赵国的使节在前面陪祭，让韩国、魏国的使节在后面护卫，为它造祠庙，祀以太牢之礼，奉以万户之邑。这样一来，诸侯各国就都知道您把马看得很

贵重,把人看得很卑微了。"

楚庄王听完之后,突然醒悟,责怪自己险些铸成大错,于是便取消了用大夫之礼葬马的念头。

分析

心理学研究表明:轻易对别人的意见和观点说"不",很容易引起对方的反抗情绪,使沟通很难顺利进行。就像"楚庄王葬马"本就是一件荒谬的事,但正面规劝显然无法取得效果。而优孟的劝谏就选择以认同开始,将对方认为合理的观点进行极端的夸张,让楚庄王意识到行为的荒谬。

在沟通的过程中,很多时候只有和对方说符合他心理需求的话,对方才愿意继续听下去,彼此之间的沟通才能顺利进行下去。如果你不同意对方的观点,选择出言否定,一种情况是对方出言反驳,沟通变成了争吵;另一种情况是对方沉默不语,沟通冷场。无论哪种情况都会引起对方的反感,导致沟通的失败。正如卡耐基所言:"很多时候你在与别人争论时是赢不了的。要是输了,当然你就输了;如果赢了,你还是输了。"

当然,这也并不是让我们一味地迎合别人。我们也可以换一种思路,先肯定别人意见、计划、方案中合理的部分,这样做肯定了对方在工作中付出的努力,然后再请对方斟酌考虑一下,从而让对方不愉快的情绪降到最低。当别人提出的观点与你的认知有相悖的地方时,不要急着去反对，安静地听别人把话讲完，先肯定对方意见中合理的部分，然后再提出自己的意见。

所以，在与人沟通时，我们不要着急表明自己的立场，不妨选择从认同对方的观点开始接话，适当地迎合对方，顺着对方的思路进行引导，建立情感共鸣。这样一来，无论你是选择给出自己的见解，还是指出对方的错误，对方都更容易接受你的看法，达到预期的效果。

实战指南

在沟通中，如果不同意对方的观点，我们该如何通过"认同"开始接话呢？

■ 将对方的观点走向极端

与案例中的方法如出一辙，先将对方的观点简明扼要地提出，表示由衷的赞同。然后将其逐渐放大，把轻的放在前面，重的留在后面，越说越紧，越说越硬，直至对方意识到自己的错误。

■ 先肯定后否定

当你不同意对方的观点时，你可以说："你提出的意见很中肯，不过后面的有些地方可以重新再仔细讨论下，你认为呢？""意见提得很好，不过仔细想想还有可以改进的地方，不妨来讨论一下。"然后，你再为对方分析利弊，帮助对方看清整件事情的全貌。

■ 先肯定然后提出自己的观点

你可以先说"我也赞同你的想法,我觉得你的想法有一定的道理,我有点不同的看法,你看怎么样,我的观点是……"或者"刚才你提出的意见有一定的道理,也是一种方法,但我觉得考虑一下另一种方法怎么样?"然后,你再将你的观点展示出来。

这几种方式都是尊重对方的表现,即使对方不想否定自己的观点,不想接受你的意见,也会考虑你为他做出的分析、提出的观点。所以,在沟通中如果我们不同意对方的观点,不妨用认同的方式进行接话。

6. 听懂对方的情绪，用更强的情绪去共鸣

> 情景对话

对话1

又到了打预防针的时间，妈妈带着孩子去打针。孩子哭着拒绝道："我不去，我不去，打针太疼了。"

妈妈解释说："谁说打针疼的？一点都不疼，你要勇敢一点。"

孩子继续哭闹道："不是，就是会很疼，我就不打。"

妈妈有些生气道："你怎么这么不听话，别的小朋友都不怕，你为什么怕？不行，一定要去打。"

一番交流下来，孩子仍然哭闹不停，对打针这件事抗拒不已。

对话2

儿子被妈妈的卷发棒烫伤了手指，号啕大哭："妈妈，我的手指

被烫伤了。"

妈妈一边摸着他的头，一边安慰说："哎哟，肯定很疼，疼死了。"

儿子伸出手，给妈妈看自己的伤口："是的，你看，烫得多厉害。"

妈妈安慰说："看起来烫得很严重，一定很疼吧？"

儿子停止了哭泣，点点头，回答说："妈妈，你帮我处理一下吧。"

妈妈："好的，我去冰箱里拿一些冰块给它降降温，然后再给涂一些药膏，好吗？"

儿子安静地站在原地等着妈妈为自己处理伤口。

分析

两则对话之所以会产生不同的结果，是因为第一位母亲只是在强制孩子完成某件事情，对孩子的恐惧情绪视而不见，第二位母亲却懂得接纳孩子的痛苦。所以，在沟通时，学会倾听对方当下的语言，体会语言背后的情绪，在情绪上给予理解，以更强的情绪给予共鸣，才能使沟通变得更加融洽。

人的心理上总有一种渴望被了解、被理解的情感诉求。当语言表露时，自身情绪就会融入其中。因此，我们说出的每一句话都掺杂着各种各样的情绪。这就要求我们在沟通时首先要听懂对方的情绪。比如，在沟通中一个人叹了一口气，你不要问"年纪轻轻的为什么叹气"，而是要问"刚才听你叹了一口气，是心情不好吗"。这种表达往往是对对方情绪的理解和接纳，并以更强的情绪回应产生共鸣。

如果一个男人忍不住向老婆抱怨说："我觉得领导就是任人唯亲，凭什么小李就能升职，而我只能继续做一个小职员。"而老婆总是反讽一句："哪个领导不想用有能力的员工，你得不到重用还是因为你能力不足。"长此以往，两人之间的沟通会愈发困难。此时，突然有一个女人对男人说："你是一个有能力的人，领导看不上你是他的损失，以后你一定会遇到一个更懂你的领导。"男人就会认为这个女人能够理解自己。这就是听懂对方的情绪，以更强烈的情绪回应引起共鸣的方式在沟通中产生的作用。

实战指南

在沟通中，以更强烈的情绪进行回应能够对彼此之间的沟通产生促进作用，但我们同样需要注意两种情况。

■ 对方情绪背后的实际需求

很多人在表达自己的需求时，往往会被一种掩饰性的心理所抑制。因此，我们说出的话一般会存在很强的装饰感，即实际目的被隐藏在语言和情绪背后。

当一个人借钱时，很少会直接将自己的困境展示出来，而是会先向对方诉苦。一般来说，我们都能够理解对方情绪背后的需求。如果无法理解对方的需求，那么以更强的情绪回应对方反而会使沟通陷入尴尬的境地。

比如，一个人对你说："哎，最近日子不好过啊，公司精简人员，我被辞退了，新工作也没有着落，明天还要交房租。"

你回答说："我理解你的感受，那种压力一定很大。"

■ 对对方不利选择的劝诫

一个人认为今天天气不错，很适合游泳，但实际上海上风浪很大，但对方坚持要跳到海里去游泳。此时，你极力地劝解他不去冒险就是白费力气。所以，你在以强烈的情绪进行回应时，一定要对他进行劝诫。

比如："今天的天气确实很适合游泳，我都快按捺不住想去游泳的心了。不过我听说这个地方溺死过很多人，都是在风浪大的时候还去冒险的缘故。我想也许他们的泳技不佳，而你的泳技要比他们强很多，但也要加倍小心。"

你说完之后，对方一定会放弃去游泳的念头。

第四章
读懂诉求,让自己成为沟通高手

1. 别人给你提意见时，表现出虚心的态度

情景对话

有一个年轻人打算开一家服装店。他的母亲便建议说："你的叔叔曾经做过多年生意，虽然现在不做了，但经验还在，你不如去请教请教他。"

年轻人不以为然，回答说："他做生意的时候是什么时候，现在已经是21世纪了，他的经验能有什么用。"

于是，母亲便不再劝说，任由他折腾。半年之后，年轻人的生意依旧冷清，没有太大的起色。于是，年轻人将自己的叔叔请到了店里，帮忙分析生意冷清的原因。

叔叔说道："你的服装店挑选的地段不好，周围一家服装店都没有，没办法招揽客人。"

年轻人问道："为什么？"

叔叔解释说："你的店面太小，衣服种类也少，对顾客的吸引力本就不够，加上周围没有竞争对手，价格也无法比较，怎么会有顾客呢？"

年轻人茅塞顿开。

分析

在工作和生活中，我们多多少少会收到别人给予我们的意见。也许在我们眼中，对方的观点并不适合我们，却能够为我们提供看待事物的另一个视角。很多人偏执地认为，别人为自己提出意见是对自己的一种否定，在沟通时会显得心不在焉，甚至出言反驳。但这种举动不仅会使彼此之间的沟通陷入僵局，还会打消掉对方为我们着想的积极性。

俗话说："虚心使人进步，骄傲使人落后。"一个人如果不能正确看待别人提出的意见，就容易走进刚愎自用的死胡同。电影《摔跤吧！爸爸》中描述了这样一个场景，吉塔和巴比塔对爸爸的"魔鬼式训练"置若罔闻，甚至从内心排斥这种训练方式，在日常生活中想尽一切办法去反抗。直到有一天，她们的好朋友道出了真相，告诉她们，她们的爸爸多么希望她们有一个美好的未来。

很多时候就是这样，对方会为你考虑，给出对你有利的意见，但一般不会给你做出太多的解释。一旦你在沟通中不能正确地对待这些意见，对方甚至连解释的念头都不会产生。而且，你还会因为偏激的言辞而伤害到别人。

任何人都喜欢在自己做出成绩的时候得到别人的鼓励和称赞。但有些人在面对太多的鼓励和称赞之后，很容易迷失自我，将别人的不同意见看作是对自己的嫉妒。

所以，我们在面对别人为我们提出的不同意见时，即使我们对这些意见心存不满，也不可出言反驳或视而不见。不然，不仅会使当下的沟通氛围陷入尴尬，还会影响彼此的关系，将破除迷障的良策拒之门外。

如果一个人在面对他人给出的意见时，保持一种虚心求教的姿态，在接话时选择乐于采纳对方建议的言辞。如此，对方不仅乐意和我们说出自己的心里话，还会在我们遇到阻碍时为我们指点迷津。

实战指南

如果我们想要最大限度地避免自己深陷困境，就需要正确看待别人给予我们的不同意见。那么，当别人为我们提出意见时，我们应该如何做呢？

首先，我们要保持一种海纳百川的心态，能够认可对方与自己不同的观点。即使对方给出的意见毫无可取之处，在沟通交流时，也不要肆意打断对方的话，给予对方人格及观点上的尊重。

其次，保持一种虚心求教的姿态。直视对方，认真听取对方的意见，切勿表露出轻视、不耐、反感等举动。

然后，当对方叙述完自己的意见时，即使给予对方恰当的反馈，表示自己对其观点的认同。比如，"您说得有道理，看来我还是要自己再认真思量一下""噢，我还真的没有想到这一点，您刚好提醒了我""我一直没有想到最好的解决办法，您的一番话让我茅塞顿开"等。

最后，给予对方恰当的感谢和赞美。比如，"谢谢您提出的宝贵意见，您的阅历真不是一般人能比的""真是听君一席话，胜读十年书啊，有机会一定向您多请教一番，希望到时候您能不吝赐教"等。

总而言之，不论对方给出的意见能否对我们有所裨益，我们都要以一种虚心的态度接受对方的意见。即使对方的意见无法真正对我们有所帮助，但至少对方为我们着想的那份心意是货真价实的。如果我们在沟通中对对方施加恶意，很可能会失去获得对方帮助我们的机会。

2. 别人与你分享喜悦时，不要轻易否定

情景对话

陈冉性格开朗，大方热情，但他总喜欢在别人分享成就时否定对方。身边的人都被他的热情吸引而来，却被他的习惯性否定厌恶离去。

男生对他说："哎呀，这个游戏我玩了两年多了，终于通关了，真不容易。"

陈冉不屑地说："这个游戏画面这么差，剧情也不怎么样，没什么意思，你居然能打通关，我真佩服你。"

女生对他说："最近我追的那个韩剧，男女主角终于在一起了，我等了好久了。"

陈冉忍不住泼冷水道："韩剧最没意思了，都是一个剧情，有什么好看到的。这种俗套的故事，我能编几百个。"

旅游回来的朋友向他分享自己的所见所闻，他就会说："那种地方没意思，根本没什么好看的，去了也是浪费时间、浪费钱。"

分析

在沟通交流的过程中，当对方向你分享或推荐一些事情时，如果你表现出不在意，甚至嗤之以鼻，否定对方的观点，那么对方即使拥有再大的热情，也无法再与你聊下去。

试想一下，如果你对一个女孩很心动，向别人夸赞她的气质，对方认为不过是会化妆、懂穿搭，底子实在不怎么样；如果你向别人推荐一部自认为不错的电影，对方认为都是流量明星和水军刷出来的热度，并表示自己从来不看某明星主演的电影，你是否会失去和他继续交流下去的欲望？

对沟通而言，提出否定意见很正常。但如果在对方分享某些令其开心的事时，不要轻易做出否定。人与人之间的沟通，最重要的就是尊重。如此至少不会让你在沟通中失了分寸，打消对方交流的积极性，令人徒增厌恶之感。

一个人向你分享他的喜悦，证明你在对方心中具有足够的分量，对方想要将这份心情传递给你。退一步讲，即使对方存在炫耀的迹象，三言两语满足对方的虚荣心，即可获得对方的好感，使彼此之间的沟通也会变得更加融洽，何乐而不为呢？

所以，我们不妨大度一些。当别人与你分享喜悦时，不要轻易否定对方的观点，打压对方的情绪，适当的赞美与羡慕，能够营造出良好的沟通氛围和人际关系。

实战指南

那么，当别人与我们分享自己的喜悦时，我们该如何回应呢？

首先，我们不能表现出不屑一顾或满不在乎的表情和心理，要保持一种平和的态度，表示对这件事情的关注，给对方一种我们在听，而且很专注的感觉。这是展现我们对对方尊重的最好方式，也是在沟通中留给对方的一种印象。

其次，在言语中尽量表现出惊讶，令对方产生优越的感觉，进一步刺激对方交流的兴趣。比如，对方说"我已经把某个证书考下来了"，我们要回应"真的吗""没骗我吧""我的天呐"等含有惊讶意思的短句。

然后，我们要毫不吝啬地表达对对方的赞美，满足对方的被认可欲。对沟通而言，满足对方的被认可欲会使人与人之间的沟通变得更加融洽。比如，"你真的是太棒了""将这件事做得如此完美，你的能力真是太强了""真厉害，你果然没有令我失望"等赞美之词。

最后，表示自己对某件事情或整个过程的兴趣，挖掘更深层次的内容，增加彼此之间的谈话内容和范围，使沟通能够持续下去。比如，"能给我讲讲你是怎么做到的吗？""让你感受最深的景点是哪一个？""你完成这件事之后，有什么样感受？"这些都是具有引导性的问题。

当别人与你分享喜悦时，千万不要随意否定别人，懂得洞察对方的诉求，给予对方最恰当的反馈，才能使你在沟通接话时更加游刃有余。

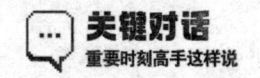

3. 被批评时，要认错而不是辩解

情景对话

程颐去拜访范纯仁，谈起往事，范纯仁非常怀念自己当宰相的时光。但是，程颐却直言说："当年你有很多事情都处理得不妥，难道不觉得惭愧吗？"

范纯仁问道："您指的是什么事？"

程颐解释说："在你任职宰相的第二年，苏州一带发生暴民抢粮事件，你本应在皇上面前据理直言，可你却什么也没说，导致许多无辜的百姓受到惩罚。"

范纯仁连连道歉："是啊，当初真该替百姓说话！"

程颐继续说道："在你任职宰相的第三年，吴中发生天灾，百姓以草根树皮充饥。地方官员报告多次，你却置之不理。"

范纯仁十分愧疚："这的确是我的失职。"

程颐又指出了很多过失，范纯仁一一认错，都没有辩解。后来，程颐才知道范纯仁当初多次向皇帝进言，不过很多措施因为某些原因而无法实施而已。

分析

古语讲："人非圣贤，孰能无过。"是人就难免会犯错误，但为什么很多人不喜欢承认错误呢？有人解释说，是因为他们缺少否定自己的勇气。他们宁可花费大力气为自己的错误辩解，也不肯低头承认自己的错误。

面对他人的批评，他会说："什么？我错了？你开什么玩笑？"即使认识到是自己错了，他也会强行给自己找借口："是这样的吗？但是……"无论如何选择，沟通中的争论不可避免。

一个人犯了错，一味地解释和争辩并不能改变现状。你的辩解不仅不会为自己洗刷冤屈，反而会因彼此之间的争辩使沟通难以继续下去，还会让对方认为你是一个没有担当的人。

所以，面对他人的批评时，如果你能真诚地承认自己的错误，不仅大概率能够得到他人的谅解，而且在很多情况下比为自己辩解有效果得多。

实战指南

那么，当我们被别人批评时，如何与对方沟通呢？

■ 主动道歉，解释原因

当面对他人的批评时，不要试图给自己找借口，应勇于承认自己的错误，主动道歉。当道歉之后，可以尝试主动向对方解释一下原因，表示自己的诚意。

比如，"对不起，这件事是我做得不对。事情是这样的……""不好意思，因为我的疏忽给您添麻烦了，我当时……"等。

■ 语气真诚，态度端正

在沟通时，承认自己的错误要做到态度端正，语气温和，不要给对方一种心不在焉的感觉或者令对方感到你只是表面上在敷衍。在道歉时，需要语言简练、清晰，表明自己的态度即可，不需要一直重复啰唆。

■ 承担后果，获得原谅

如果我们的失误给对方带来了利益损失，那么在我们承认错误、真诚道歉之后需要表明自己的立场，会为自己的错误承担后果，对对方进行补偿，并表达希望获得对方原谅的诉求。

比如，"这件事对您造成的损失，我会按照标准赔偿给您，希望您能够原谅我。"

承认错误远胜于无谓的辩解，承担责任远胜于不必要的掩饰。在沟通中，争辩往往很难使彼此满意，让步却能够得到比你期望的更多。

4. 当女人主动找你聊天时，怎么回复显高情商

情景对话

周宇浩和徐晓珍认识之后，两人的关系持续升温。有一天，徐晓珍睡不着，在微信上问周宇浩："睡了吗？"

周宇浩正准备睡觉，看到对方来了消息，就回复说："没呢，正在想一个人。刚想给她发信息，正巧这个人给我发信息问我睡了吗。"

徐晓珍发了个黑人表情，这个表情上面都是问号。周宇浩说："瞧，她又给我发了个表情，一个黑人满脸问号。"

徐晓珍回道："哎呀，原来你这么讨厌！你想和我说什么呀？"

周宇浩说："我做了一个梦，我在梦里和你一起爬山呢，想不想知道梦里还有什么？"

徐晓珍说："虽然不知道，不过听起来很有趣，你都梦见什么了？"

然后，周宇浩和徐晓珍从做梦聊到了爬山，又从爬山聊到了草原，后来还约定要一起去云南旅游。

分析

女人一般不会给男人主动发信息问他一些干巴巴的问题。可如果女人主动找你聊天了，说明她对你是有好感的。

无论在微信上，还是在面对面的交往中，女人主动和你打招呼，都说明她想和你交流。你如果以为这只是简单的招呼，那你可就要失去机会了。有时女人的问话很简单，比如"在吗""干吗呢"，你如果只回复你在做什么，接下来也是一问一答，没有谈话的激情，女人就会感觉你很冷淡，和你交往起来也没有乐趣。

矜持的女人如果对你没有好感，是不会主动和你打招呼的。如果她想认识你，就会问你一些无关紧要的问题，比如"今天天气好冷啊""今天又堵车了"。如果你没反应过来或者只回复了一句"是啊"，那她们可不会再接着和你聊了。

如果一个以前没怎么和你说过话的女人问你问题，你该怎么回复才显高情商呢？就以"干吗呢"为例，她们并不是真的想知道你现在干什么呢，而是希望借此打开话匣子。假如你正在加班，实在不能和她聊天，那你也要表现出自己的上进心和对她的好感，并给以后创造机会。有人会说："加班的我忽然看到你的信息，就像看到了清晨的第一缕阳光，我忙完工作就给你回信息。"假如你不忙，那你可以聊一些有趣的事，因为女人要的就是聊天时的感觉。

如果主动找你聊天的女人和你很熟悉了，你就可以借着她的话升级你们的关系，就像是案例中的周浩宇，他借着对方的问话展开了幽默的回答，让对方不禁对他的好感度又提升了一个等级。

实战指南

女人主动和你聊天，回复的小技巧有很多。

■ 方法一：女人对你说"早"，你可以表示关心

在女人见到你后，主动问候早安时，你如果也回复"早"，那你们就没有下文了。如果对方和你认识程度不深，你可以问她："吃早饭了吗？"或者说："新的一天听到一声'早'，感觉空气都好清新啊！"如此，女人对你的印象能不加深吗？

如果女人和你已经很熟悉了，你可以对她说："我正想问候你呢，没想到你抢先了一步，早！""好好吃饭，不可以不吃早饭哦！"假如你们的关系已经很近了，你可以说："新的一天，新的阳光，心里装着你的一天开始了！"

其他情况也可以用类似的方法来回复，比如，女人说："天气好冷啊！""阳光好温暖啊！"其实，这都是你的机会。

■ 方法二：女人对你说"好无聊"，你要先分析一下具体情况

女人见到你时，和你说："好无聊啊。"此时，你要想想她为什

么要说这话，然后再回复她。如果她和你还是普通朋友，你就可以给她推荐一些好玩的，并和她说："你无聊的话，我带你去玩呀，我知道有个地方很有意思。"这样可以促进你们俩关系的升级。

如果她晚上主动找你，那说明她想和你聊天，你可以回复她："无聊的时候你找我，我来给你快乐。"你也可以给她讲笑话，反正要以幽默逗乐她。

■ 方法三：女人对你说"工作好焦虑"，你要让她放松下来

在工作压力大的现代社会，每个人都会感觉到工作焦虑，女人和你抱怨工作压力大，或者说"好焦虑""好无聊"时，你可以鼓励她，或者为她讲个笑话，逗她开心一下；如果女人和你的关系已经确定了，你可以说："你不要那么拼，管它工作呢，有钱赚就行了。咱们赚的钱虽然不多，但我仿佛看见咱们的家快装修完成了。"要让她感觉上班是创造幸福的过程，而且你和她的关系也让她感觉很甜蜜，只要她感觉对了，她就能开心地投入工作了。

莎士比亚说过："和男人愉快相处，你不需要爱他，只需要懂他就可以了；而和女人愉快相处，你不需要懂她，只需要爱她就够了。"面对女人的主动聊天，你不要用男性的思维去理解，而是要用感性的情绪去感染她，这样她才能对你产生好感。

5. 男人说"我累了",什么暖心你就接什么

情景对话

蒋星飞下班回家,一脸郁闷地往沙发上一瘫。妻子秦佳炜坐到他身边,问他是不是工作不顺心。蒋星飞说:"我累了。"

秦佳炜说:"来,我帮你捏捏肩,放松放松。"

"谢谢老婆。"

"现在觉得作为一个男人真的挺难的。想起来张爱玲说的,人到中年的男人,一睁开眼睛,周围都是要依靠他的人,却没有他可以依靠的人。"

"说得真扎心。不过,你们女人也不容易啊,要上班,回家还要做家务带孩子。"

分析

不管是男人还是女人,他如果对感情产生了厌倦,就会表现出想

离开对方的意思，而他们离开对方之前，总会发出一些信号。男人对感情感到疲惫的时候，就会说"我累了"。这个信号，女人们一定要注意了。

当然，他们说这句话也可能是因为他们的身体透支了，但是女人不仅没有体谅他们的辛苦，还在不断催促他们做家务、和自己说话，这只会刺激他们，加速感情产生裂痕。比如，有一对夫妻，丈夫比较软弱，而妻子却很强势。丈夫在外奔波了一天，回到家里感觉双腿无力，想在床上歇一歇。可是，妻子却说道："一回到家里就躺着，你是有多累？你一个大男人回来啥也不做，你是想把整个家都撂给我吗？"丈夫对这种话非常反感，当被妻子逼到忍无可忍时，两人就会吵起来。

男人自尊心很强，难以忍受女人的指责，而这也会打击他们的征服欲，所以他们会说出"我累了"这句话。如果女人不懂他这句话的意思，还在不停地指责他，就会促使感情的破裂。

如果你想好好聊天而不是一开口就战火连天，就不要用指责的口吻说话。当男人说累的时候，给予他们温暖与关怀，不仅会让他们乐于同你沟通，还会让他们满血复活。

实战指南

在男人说累的时候，情商高的女人懂得做一个鼓励者和支持者，并在一些情况下看破不说破。

- **方法一：男人有压力，对他说"不管什么苦，我都陪你吃"**

男人在外面承受的压力很大时，他们回到家会说"我累了"，他们这时候需要女人的支持，如果你没有鼓励他，反而指责他，他肯定会和你冷战。当你了解到他的压力之后，可以抱紧他，对他说："别有太大压力，不管什么苦，我都陪你吃。"你这样说，不仅对他表示了支持，还激发了他对你的保护欲，他肯定会抱紧你，和你聊聊他遇到了什么困难。

- **方法二：男人想退出感情，你要哄哄他**

比如，男人在宠爱你的时候，你却和他发脾气，他们感到很失败，会说"我累了"。这时，你要哄哄他，对他说："我来宠爱你好不好？"让他感到爱情的甜蜜，自然会与你沟通。

聪明的女人很擅长抓住男人的心，而笨女人很容易造成感情破裂，所以女人要懂得男人说"我累了"是什么意思，并及时给他温暖、支持。

6. 当对方承认"我错了"时，不要再咄咄逼人

情景对话

早上，陈英飞和马晶晶大吵了一架。晚上，陈英飞主动向马晶晶发微信道歉："对不起，今天早上都是我的错，惹你生气了，我这人太不会说话，但我真的希望你能开心。"

马晶晶很快回复说："我这人特幼稚，今天早上心情不好，逮个人就乱发脾气，对不起啊！"

"为了表示我的歉意，我等会儿去接你，请你吃饭吧！你想吃什么？"

"好啊，为了考验你的诚意，我今天得狠狠地宰你一顿，哈哈。"

分析

案例中的陈英飞在认错之后，也换来了马晶晶的道歉，两人便重

归于好了。然而，现实中有很多人在对方道歉后，还是不依不饶、咄咄逼人，就算对方态度非常诚恳，也会被喋喋不休的指责搞得很崩溃。

爱情中吵架之后，男方认错，就表示他很在意你，他承认自己爱得卑微，但你也不要表现出一副高高在上、咄咄逼人的样子，那很可能引发更大的争吵，或者进入冷战模式。

每个人都会做错事、说错话。爱情中，如果对方已经认错，我们就不要再抓着他的小辫子不放了。如果你非要把他逼到墙角，让他无法后退，那么他只能选择和你舌战到底或者头也不回地离开你。

实战指南

吵架后，一方主动认错，说明你在对方的心里有很高的地位，他能放下自尊心来求你原谅，你要准备好说点什么让对方更加爱你呢？

■ 方法一："我气坏了，现在还头疼"

当男人向你道歉，你想原谅他，但心里还有点生气时，你可以撒个娇说："你把我气坏了，到现在我的头还疼呢！"这里的头疼可以演化为其他任何不舒服的症状。一方面，让男生看到他惹你生气的后果；另一方面，让他想更多的话来哄你开心或者和你说说他以后该怎么做。

- **方法二："说吧！你打算怎么补偿我"**

当你用"说吧！你打算怎么补偿我"这样的话来调侃他时，他就会意识到你已经原谅他了。接下来，你们可能就会进入兴高采烈地讨论怎么补偿的环节了。

- **方法三："勉强原谅你了"**

女人说这句话的时候，表明她还在生气，但又传达出了原谅对方的意思。从"勉强"这两个字可以看出，他对你的态度还是不到位的，让他慢慢体会这两个字的含义，他就该认真地给你道歉了。"原谅你了"可以看出，你可以接受他的道歉，他就不会再有什么反抗情绪。在男人道歉时，你适时地抛出这样一句话，男人肯定会围在你身边不停地讨好你。

在对方认错后，你可以接的话还有很多。比如，"现在才知道错呀？我罚你说521遍我爱你！""我那几天刚做了一个新项目，心急得像个火药桶，一点就炸！"当然，你还可以增加点情趣或者承认自己的错误，这样，你们的感情也就能快速修复了。

7. 洞悉别人的情绪，避免陷入尴尬

情景对话

张雯三十多岁了还单身，在同学聚会上，她和同学们说："我上学没谈过恋爱，一晃眼都三十多了，这辈子是没机会早恋了。"

有个同学接茬道："没事，早恋没机会了，不是还有黄昏恋吗？"

张雯听后，气不打一处来，冲这个同学毒舌道："那你应该能赶上婚外恋。"

分析

聊天聊的是情绪。情绪高涨，聊天自然愉快；情绪低落，聊天就会很尴尬。人们都想愉快地和人相处，想让愉快的时光过得慢一些，让尴尬的场面迅速过去。可是，总有人不懂得对方的情绪，只顾自说

自话。

会不会聊天取决于能不能洞悉对方的情绪。如果你能察觉到对方在说话时是愉快，还是痛苦，你就能"对症下药"，不至于犯低级错误。一个人带着不同的情绪说同一句话，如果你不加分辨，直接按套路出牌，那对方肯定会觉得和你聊天真是煎熬。

高情商的人懂得聊天要因人而异，就是说面对不同的人要有不同的说话方式，这样对方的情绪才会很愉快。比如，你是学物理的，平时和同学、同事说话都是满嘴的"势能""光强"。当你面对一个文科生的时候，你还继续这么说，对方就会认为你在"臭显摆"，并想尽快结束谈话。

高情商的人懂得聊天要以倾听为主，就是聊天时不要自顾自地说。有很多话对方并不愿意听，而你听别人说时，就会让对方产生好感，认为你很尊重他。在倾听对方说话的时候，你还要琢磨他所带的情绪，根据他的情绪去安慰他或者祝贺他，这样就不会犯低级错误了。

高情商的人懂得聊天时要和对方共情：当对方很高兴时，就和他一起高兴；当对方很懊恼，就和他一起抱怨。如此，对方感受到自己理解，肯定愿意继续和你聊天，从而迅速接近两个人的距离。

很多人有一个误区，就是在对方倾诉的时候，会为对方出主意、想办法。其实，对方并不需要你出什么主意，他现在急需安慰的是情绪，你让他把情绪发泄出来或者和他一起抱怨，就能获得他的好感；如果你想当然地为对方想办法，对方肯定会想"你以为我不知道吗"？这种聊天肯定会越聊越尴尬。

实战指南

要想避免陷入尬聊，就要学会聊天常用的话术，即针对不同的情况使用不同的对话。

- **方法一：对方很有激情，可以说"听起来真有趣"**

对方在说一件事时感到很愉快，就会不停地说。这时，你听着就可以了。如果对方说的内容你不是很懂，你可以说："听起来真有趣！""我也一直想了解了解，可惜没机会。"这样，对方的激情就会被你调动起来。

- **方法二：对方在自嘲，要给他暖心鼓励**

很多人在聊天时害怕自己的情绪影响其他人，就会故意自嘲一下。如果你不知趣地跟着嘲笑他，势必会招来对方的白眼。比如，对方自嘲工资不高，你跟着挖苦了一下，接下来的聊天必然会很尴尬；如果你暖心地说："工资不是最重要的，你做这个可以实现人生理想啊。"对方就会把你当知己。

- **方法三：对方很烦，帮他释放情绪**

有些人心烦的时候，特别想和人聊天，这时可不要说"我比你更烦"或者给他出主意,而是要帮他们释放情绪。比如,你朋友工作上有了烦心事,找你聊天的时候,你就问问他"你领导是不是有问题"等,他们就会向你抱怨他遇到的问题,并把你当成好友。

产生尬聊的另一个原因是男人和女人的聊天情绪不一样。男人和女人聊天时,要思考女人的情绪,不要按理性的思维方式去聊天,而是要让聊天充满乐趣、情趣,这样的聊天才不会危机四伏。

第五章
幽默接梗，关键时刻让聊天变得更有趣

1. 那些令人忍俊不禁的神回复

情景对话

两位好友互相调侃，A问B："假如有一天我挖一个几百尺的深坑，让你跳进去，你怎么出来？"

B回答说："我用针出来。"

A百思不得其解："为什么？"

B解释说："我用针把脑袋扎破，脑袋里的水就流出来了，这样我就能浮上来。"

A问道："你脑袋里有水，这么多？"

B回道："我脑袋没水，为什么要跳坑？"

分析

神回复就是不按套路回复别人的问题。神回复本质上是一种幽默,通过奇葩的脑洞、突然的转折令人忍俊不禁,在沟通中能够起到活跃气氛的作用。

有时候问题并没有什么特别,只是让人不知道如何回复。如果你只是用"嗯""啊""哦"之类的词应付一下,基本也就切断了后面继续交流的可能性。但如果你转换思路,就能制造出出其不意的喜感。

比如,服务员问你:"比萨你要切6块还是8块?"你回道:"6块吧,8块我吃不下。"

媒婆问你:"如果你是别人,你愿意和自己处对象吗?"你回道:"简直是想都不敢想,哪有这种福气。"女生问你:"是不是想追我?"你回道:"是啊,那赶快开始跑吧。"

很多时候幽默不是因为你说的话有多么搞笑,而是你拥有一种清奇的思路。这种思路源自你有一个有趣的灵魂,会让你人缘好到爆棚。

实战指南

在沟通中,神回复能够令人忍俊不禁。以下有几种不同类型的神回复供你参考,希望能对你有所启发。

- 引用式

引用式指的是引用某些对方耳熟能详的语言。使用像歌词、古文、名人的有趣言论等,语言来代替自己想要表达的意思。比如:

问:"女孩子出了林徽因的上句:是爱,是暖,是希望,你是人间的四月天。如何应对下句?"

答:"是他,是他,就是他,我们的朋友小哪吒。"(歌曲《小哪吒》)

问:"室友做龌龊的事被我看见了怎么办?"

答:"我可以假装看不见,也可以偷偷地想念。"(歌曲《宁夏》)

- **谐音式**

将回答中的内容利用谐音转化或利用谐音曲解对方的问题。比如:

问:"Google Glass的启动命令是'OK,Glass',中文翻译成什么最合适?"

答:"好的,靖(镜)哥哥。"(《射雕英雄传》中黄蓉对郭靖的称呼)

问:"你幸福吗?"

答:"我姓曾。"

- **联想式**

将问题的答案做出延伸,寻找出适合语境且反差较大的答案。比如:

问:"为什么图书馆不让穿拖鞋?"

答:"以防翻书舔手指的和看书抠脚丫的打起来。"

问:"情人节没有情人怎么办?"

答:"清明节家里没死人,难不成要弄死几个?"

问:"为什么女生有体香,而男人没有?"

答:"化妆品腌入味了。"

■ 排比式

通过排比句式渲染出某种气氛,与突然转折形成冲突,带给人一种忍俊不禁的感觉。比如:

问:"是否应该取消中小学强制性文言文学习?"

答:"数学你们觉得实用性有限,平时谁没事解个方程组,买菜用不上,不学;英语你们觉得实用性有限,平时谁和外国人说话,看美剧都有字幕组,买菜用不上,不学;物理你们觉得实用性有限,平时谁没事拿几个小滑块摆来摆去,买菜用不上,不学;化学你们觉得实用性有限,平时谁鼓捣硫酸铜,买菜用不上,不学;文言文你们觉得实用性有限,平时谁闲着没事看古文,买菜用不上,不学;那你告诉我义务教育学什么?学买菜吗?"

神回复的幽默是学识与灵感的结合,是沟通中瞬间光彩夺目的火花。因此,在沟通中使用那些令人忍俊不禁的神回复能够使你的人际交往如鱼得水。

2. 幽默一下，给尴尬的人一个台阶下

情景对话

对话1

在一次节目录制中，歌手宋茜一不小心将导演送的口红摔坏了。宋茜连忙小声地问何炅能不能将这段剪掉，何炅捡起口红，笑着对宋茜说："为什么要剪掉啊，这是一个很好的预兆啊。这预示着这个舞台将会大红大紫。你看，都印到舞台上了。"简单的一句话，轻松化解了宋茜摔坏口红的尴尬。

对话2

有一次，唐国强在节目中称呼何炅为"何灵"。何炅一直保持微笑并没有打断他的话，但台下有人开始提醒唐国强老师。没等唐国强老师说话，何炅就说道："大家不知道，唐老师在十几年前就开始管

我叫何灵了。这只是我们之间的一个昵称。"又是简单的一句话，轻松化解了唐国强老师的尴尬。

◎ 分析

沟通中，如果我们能够察觉别人的尴尬，并用幽默化解，往往能够收获对方的善意和感激。在日常生活中，大家难免会遇到尴尬的场景。比如，叫错对方的名字，在众人面前不小心摔倒，在他人唱歌时不小心切歌等。

这时，我们就需要幽默地给对方搭好一个台阶。其实给别人一个台阶下很简单，一句话就能够做到。比如：有人在面前叫错了对方的名字，对方开口纠正时，你可以说："你这汉字认成这样，对得起你的体育老师吗？"有人在你面前跌倒，正当众人看着他笑话时，你说道："哟，这是刚来地球，不适应地球引力吗？"有人在领导唱歌的时候不小心切歌，你可以打圆场："我以为是原唱，这才切歌的。"一句玩笑话就把众人关注的重心转移了。在别人遭遇尴尬时，帮助对方化解一下，给一个台阶下，就是这么简单。大家也都能明白我们是一个会说话的聪明人，言语中总要照顾所有人的面子，让所有人都感到舒服。

◎ 实战指南

那么，我们该如何利用幽默给尴尬的人一个台阶下呢？

- 将错就错

在沟通中，因某个人的言语不当使场面陷入尴尬，我们可以放弃纠正这个错误的机会，承认对方的话，并将对方的针对点转移，从而打破尴尬的气氛。

比如，在一期节目中，主持人询问女嘉宾不喜欢男嘉宾的理由，女嘉宾解释说她认为戴眼镜的男人看起来都很猥琐。此话一出，场上十分尴尬。主持人马上为男嘉宾解围，推了推鼻梁上眼镜，解释说："我知道，你是醉翁之意不在他，而在我。我觉得我没什么地方得罪过你吧！不过，我得告诉你，戴眼镜的男人并不一定猥琐，这个我的老婆可以为我证明。"

- 偷换概念

偷换概念是指把本来不同的概念混同起来，故意制造概念混乱。我们在使用时，尽量用一个相近的彼概念代替此概念。如果能够巧妙地偷换概念，也会起到摆脱尴尬、烘托气氛的良好效果。

比如，在某电影的宣传采访中，一位记者向电影女主角问道："人们在谈到当今最红的女演员时，一定绕不开两个人，你是怎么看待'南周北范'这一评价的？"女主角一脸迟疑，颇为尴尬。电影主题曲、词作者开口道："我觉得这句话的意思就是，《南方周末》应该成为北方报业的典范。"此话一出，现场的人立马哄堂大笑起来。

- 避重就轻

避重就轻，指的是在处理他人的尴尬时要避免造成尴尬的关键点，以一种模棱两可的态度，从其他角度做出解释或回应。

比如，曾有观众在某讲座结束之后提问："今天的讲座，主办方安排市领导坐在第一排，公务员坐在正当中。我们这些观众不仅一票难求，而且还只能坐在旁边和后面，请问你对此有什么评价？"这一问题，表达了对方对座位安排的不满。当时，主持人是一脸尴尬。主讲的学者马上解释说："主办方这样安排，可能是认为领导干部更需要参加学习、接受教育吧！"

■ 巧用情景

利用当下所处的环境做文章，化解突发事件导致的尴尬。比如，一个人在二楼观看楼下的表演，险些掉到一楼。工作人员善意提醒说："先生，请注意安全，下面是贵宾席，你掉下去的话还得补差价。"

当他人遭遇尴尬时，我们通过接话展示自己的幽默，给对方一个台阶下，既避免了对方一直处于难堪的境地，又维持了和谐的沟通氛围。

3. 巧用幽默表达不同意见

情景对话

对话1

电影《恶女漂流记》恶评如潮,导演亲自到观众中做调查。他询问一位观众:"你们在看过《恶女漂流记》之后有什么看法?"

观众回答说:"很好啊,大家都说您拍的电影总是想观众之所想,与观众的欣赏水准非常一致。"

导演不解地问道:"但我听说电影在这里放映时,电影没放完,人就走得差不多了,这是为何?"

观众回答说:"因为大家早就料到了影片的结局,这简直是导演和观众'心有灵犀一点通'啊。"

对话2

克诺走进一家小旅馆,想要在那里过夜。

第五章
幽默接梗，关键时刻让聊天变得更有趣

他问旅店老板："一个单间带供应早餐，一天需要多少钱？"

旅店老板详细地为他做了介绍："先生您好，各种不同的房间有不同的价格，二楼的房间是15马克一天；三楼的房间是12马克一天；四楼的房间是10马克一天；五楼的房间只需要7马克一天。"

克诺思考了几分钟，拿起箱子就要走。

旅店老板见状，忙问道："先生，您是觉得我这儿的价钱太高了吗？"

克诺回答说："那倒不是，我只是嫌您的旅馆太低而已。"

分析

在沟通中，难免会出现不同的声音，直接坦率地表达自己的不同意见会使沟通的气氛变得紧张。于是，很多人为了避免与他人产生冲突便不愿表达自己的意见，这是一种片面且肤浅的认知。如果我们与人交谈时从不发表自己的不同意见，人云亦云，对每个人的话都随声附和，也许初次交往会给人留下一个好印象。但久而久之，你的附和难免会被人看作是没有主见的表现，从而降低对方的沟通热情。

如果在言语上表现得太过唐突，那么就会变成一种消极、否定的语言暗示。一个人固然要正直、直率，但并不意味着说话就可以直言不讳。不然会让他人有抵触和反感之意，还会让彼此之间的沟通变得

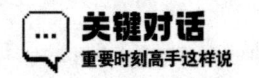

压力重重。

所以，我们需要委婉地表达自己的不同意见。我们首先要明白一点，当不同意见出现，对方心生不满，根本原因不一定在意见本身，很可能是不同意见出现的方式。如果我们的表达方法得体，不仅不会得罪对方，反而可能受到对方的认同。但要注意一点，如果我们在表达不同意见时，将自己的意见视为绝对正确，认为对方的观点愚蠢至极，无论你的方法多么温和都是在严重地中伤别人。

对表达而言，幽默是一种极具亲和力的方式。它能够令对方在理性与感性之间达到平衡，在权衡过程中抑制不良情绪的产生，从而促使对方接受他人的不同意见。

幽默的表达方式能够令你规避表达异议时引起的不愉快。就如案例中克诺认为对方旅店的价格太高一样，如果他直接表示对方的价格太高，难免会引来老板的针锋相对，但他选择了一种隐晦的方式，而且语言的力度丝毫没有减轻且立场明确。

所以，如果我们能够把直言不讳的表达方式结合幽默的语言，就能达到既表达了自己的意见，又使对方在笑声中认识到错误，从而达到听取你意见的目的。

实战指南

在沟通中，我们该如何幽默地表达自己的不同意见呢？

■ 正话反说

正话反说指的是说出的话和实际的意思相反，表面褒奖，实则贬斥，是一种幽默的表达方式。在提出不同的意见时，能够委婉地表达出自己的真实意思，不仅能够产生出人意料的趣味，还能使对方领略到其含义却不反感。

张清和朋友一起去一家新开业的咖啡店喝咖啡。咖啡店的老板请张清为咖啡店提点意见，张清看到桌上的每杯咖啡只有半杯的量，就微笑着说："我有一个办法，可以让你马上多卖出两杯咖啡。"

老板连忙问道："什么办法？"

张清回答说："你只要把杯子倒满就行了。"

■ 夸大其词

当他人询问我们的意见时，我们可以尽量将事情说得超过原有的程度，令对方产生疑惑，从而接纳不同的意见，进行思考。如此便能够完全避免彼此之间因意见不同而产生冲突的机会。

比如，一座军营的伙食特别差，将军询问士兵的早餐情况，大多数士兵含糊地回答说："还行。"一位士兵一脸满足地回答说："我吃的早餐是一杯牛奶、一个鸡蛋、一个三明治、一盘水果、一碗麦片粥、两个卷肉夹饼，长官。"

将军十分疑惑："这都快赶上国王的早餐了。"

士兵回答说："长官，很遗憾，这是我在外面餐馆吃的。"

当我们在与他人沟通时，一定要自如地运用幽默的方式来提出不同的意见，规避彼此之间的冲突。我们要知道，生活中并非处处都能"直"，有时还需要含蓄、委婉一些，才能达到最佳的表达效果。

4. 春节的夺命连环问，如何机智应对

情景对话

长辈："有对象了吗？"

年轻人："还没呢，我年纪还小，不着急。"

长辈："你得抓紧点儿，现在找对象很困难的。你在大学学的什么啊？"

年轻人："工业设计。"

长辈："学得怎么样？考试考多少分啊？"

年轻人："我们不考试的，看设计。"

长辈："工业设计？做电饭锅的？"

年轻人："这个也可以，飞机也能做，呵呵。"

长辈："设计飞机应该很赚钱吧，你快毕业找工作了吧？"

年轻人："是啊，工作不着急，还想在学校多学一点东西。"

长辈："隔壁家的孩子都考上研究生了，你咋不考一个？"

年轻人:"呃……"

长辈:"听说某人都开始工作挣钱了,在我们村最好的学校教人开挖掘机呢!"

年轻人:"呃……"

……

分析

每逢春节放假,我们都会遭遇七大姑八大婆的"夺命连环问"。那么,在长辈们操心的各种问题中,我们最怕被问到什么问题呢?

有一个机构做过一项调查,结果显示位居前列的五大问题包括:"你计划多少岁结婚?""现在一个月挣多少钱,有没有存款?""现在做什么工作,在哪里上班?""年终奖发了多少?""有没有正在交往的对象?"

这种涵盖工作和婚姻的问题是他们最为关注的点。他们很可能在问完问题之后,再为你树立起一个身边的榜样:"某人家的孩子现在月薪过万了,在首都的一家大企业工作,听说明年就要结婚了。你也抓紧吧,不要让你的爸妈一直操心。"

我们经常会遇见各种令人尴尬的提问,比如,"要不要帮你介绍一个对象?""打算什么时候生孩子啊?""买房买车了吗?""工作稳不稳定,老板人怎么样?"

我们从出生开始都会面临各种问题,上学的时候问成绩,毕业之后问工资，工作稳定后问对象，结婚以后问孩子，孩子生完问二胎……总之，每个人生阶段都会面对相应的问题。而这些问题令我们尴尬的点，在于我们会在比较中发现自己和别人不同的地方，或者说发现自己的不足之处。而且还会在一段时间内，面对不同的长辈，回答同样的问题，令人十分厌烦。

当面对七大姑八大姨时，聪明地装傻、认真地敷衍、选择性失聪都远不如幽默地回应对方，营造一个和谐温馨、其乐融融的春节氛围。

实战指南

面对春节的夺命连环问，我们应该如何使用幽默的方式来机智应对呢？

- **有对象了吗？**

这个问题基本上是长辈们的开场白，甚至有些同辈的朋友也会来凑热闹。男生一般会说："现在工作还不稳定，等以后工作稳定了再谈对象。"女生一般会说："没有呢，都说女人要上得了厅堂，下得了厨房，我现在正忙着学做菜呢！"

我们可以这样回答："追求者太多，挑花眼了，还没有选好。"

- **什么时候结婚？**

这是最尴尬的一个问题，有些人即使知道你没有对象也会这样问。一般人会回答说："还没遇到合适的，顺其自然吧，等有消息一定通知你！""目前没有合适的，以后再说吧！""我不着急，岁数还小呢！"

我们可以这样回答："您这是等不及要给我一个大红包了呗？"

- 买房了吗？

面对这个问题，回答一般有："前段时间去看了看，没有合适的，以后再说吧！""不着急，等以后再说！"

我们可以这样回答："差不多了，存款能够买一个卫生间了。"

- 现在薪资怎么样？

这又是一个非常尖锐直白的问题，很多人因为囊中羞涩害怕回家，害怕被亲友问工资、要礼物，还要发红包。一般来说，很多人会选择直接告诉对方实际情况或者含糊不清地一笔带过。比如，"没多少钱，先凑合着干吧，今年还会换！"

我们可以这样回答："还可以吧，再过两年就能买一个客厅了。"

面对这些问题，面对曾经看着我们长大的长辈，无论我们爱也好，烦也罢，让我们多一分善意，少一分指责，多一分包容，少一分嘲笑，用幽默的接话营造一个和谐美满的沟通气氛。

5. 别人自黑时，怎么回复让对方听着舒服

> 情景对话

每逢佳节胖三斤，新年回来，同事们正聚在一起说过年发生的好玩的事情。同事李小芸一边兴高采烈地说回到家乡吃了哪些美味的食物，一边苦恼地捏着自己胖了一圈的小腰说道："过年什么都好，就是吃了太多好吃的，长胖了，真是不开心。"

同事A说："没有啊，哪儿有长胖，还是小蛮腰呢！"

同事B接着附和道："没错，过年要到处走亲戚，累都累死了，哪儿还能长肉呀，你分明是瘦了不少。"

……

同事们你一言我一语地将小芸说得心花怒放，而小芸之前因为管不住嘴多吃美食的负罪感也顿时烟消云散了。

分析

很多时候，自嘲是一种降低期待的试探，它的目的不是彰显说话之人的聪明幽默，而是用来掩饰内心的焦虑不安。他们主动调侃自己，是想要通过别人的否定来掩饰并淡化自己的某些缺点，建立内心的自信。一旦别人真的质疑，他们一直小心翼翼维护的自尊便会在顷刻之间被瓦解。

比如，当对方说："哎呀，最近又胖了。"你怎么接？你要是说："可不是！腰明显比以前粗了。"对方肯定会一脸黑线，直接把你拉入低情商人群。对方可以自黑，但你不要不明就里地附和。要知道，别人自黑的潜台词就是"快来反驳我啊"。

再比如，一个男生长得有些瘦弱，有人问他怎么还不找女朋友。他笑着说道："我要练出一身肌肉，再找女朋友。"这多半是源于他对自己身材的不自信。如果此时，你附和他的话，接着说道："没错，就你长得这么瘦弱的样子，一点儿安全感都没有，肯定没有女生会喜欢你。"这不是幽默，而是在别人的伤口上撒盐。这时，他其实是需要你的反驳来安慰他，而非让你确定地告诉他瘦弱的身体只会让女孩没安全感。

另外，自嘲有时候还是一种自谦的表现。敢于自嘲的，大部分都是有实力的人。老话常说："木秀于林，风必摧之。"他们的自嘲，不过是给自己涂的保护色。当他们在取得了一项成就，却强调是团队协作的结果的时候，接话者也要肯定他的能力，才能让他更感动。

实战指南

情商高的人，通常会有3种回复的套路。

■ 否定对方

一般而言，当一个人拿着黑、丑、胖、穷等缺点自嘲时，我们应该立马认识到对方的自我保护机制已开启，他们的言外之意是"快来反驳我"。

当对方自嘲丑的时候，你不要直接说："没有啊，我觉得你挺漂亮的啊！"这会让人觉得你的回答很敷衍。你可以说："真没办法，长得漂亮的人总说自己丑。""知道我最不喜欢你什么吗？就是老爱说反话。""瞧你那双眼睛，水汪汪的，和丑沾边吗？"总之，当对方说自己丑时，你就找出对方的优点，使劲夸。

当男生自嘲胖时，你可以说："男生如果没有点重量，怎么给女生安全感？""男生太瘦了，连个女生都扛不动，哈哈。"如果是女生自嘲胖，并说要减肥时，你可以说："你身材都这么完美了，还减什么肥呢，你看旁边的路人看你看得口水都快流下来了！""你可不能再减了，要不然等下被风吹跑了。"

■ 幽默回答

当别人自黑时，那你就借坡下驴，同意他的观点。不过，你要拿高标准、高水平的人来和他比较后，才得出结论。

对方说："我最近是不是老了？"你可以说："和十六岁的小姑娘比，确实老了。"

对方说："我是不是很失败？"你可以说："和李嘉诚比，是的。"

- **转移话题**

如果对方自嘲的内容，你实在不知道该如何否定，为避免尴尬产生，就想办法转移话题。比如，对方说自己该减肥了。你可以说："说这费神的事干吗？走！今天晚上我请你吃烤鱼。"

对方自嘲的一部分，肯定是他比较在意的点，我们要做的就是给出积极的反馈，让对方从你的回复中感到自信和开心。

6. 别人吐槽你时，不妨用自嘲代替反驳

情景对话

对话1

一个女孩去参加聚会，她的体型引起了周围人的嘲笑，甚至有人不怀好意地说："姑娘，你都胖成这样了，怎么还不减肥？"

女孩回答说："减过肥，就是没有成功。当初我为了减肥特意找到了医生。医生说：'你早上一颗水煮蛋，中午一个馒头，晚上半个馒头就好了。'然后，我问医生，是饭前吃还是饭后吃？没想到医生就直接让我走了。"

对话2

抗战胜利后，张大千正准备回四川老家去，梅兰芳和几个朋友一起为他设宴送行。

人员到齐之后，大家都请张大千坐在上席的首座。若他再三推辞，显得有点儿不识抬举了，也驳了大家的一番好意。于是张大千说："梅先生是君子，理应坐首座。我是小人，末座作陪即可。"

听此一言，大家非常惊讶！张大千见状解释："君子动口，梅先生唱戏是动口。小人动手，作画是动手，我应该请梅先生坐首座。"满堂来宾为之大笑。

分析

在社交场合中，我们难免会因为某些原因遭到他人的吐槽，使自己陷入窘迫和尴尬的境地。这个时候，如果我们出口反驳或指责，很可能使沟通氛围变得紧张，火药味十足。即使我们在口头上为自己挣回了一点面子，也会暴露内心的狭隘与偏激，使周围的人敬而远之。

如果我们能够恰当地运用幽默的自嘲，拿自己开涮，会让自己的尴尬和难堪在笑声中被轻易化解。如此一来，我们不仅不会破坏当下沟通的气氛，还可能因为自己的幽默收获别人的友善。

自嘲是化解尴尬的智慧，也是一个人的气度和胸怀。与其在被别人吐槽时，逃避嘲笑或怒不可遏地反唇相讥，不如摆出一种洒脱的状态，自嘲自讽。既能打破自尊心的束缚，又可以成功堵住对方的嘴。

生活中被别人吐槽的情况时有发生。而一次好的自我解嘲，往往能让人转移注意力，从而使自己摆脱尴尬的处境，并且赢得别人的好感。当对方吐槽你的身高太高时，你可以回答说"上面的空气比较好"；当对方吐槽你的相貌难看时，你不妨回答"我这长相，的确对不起观众，现在我上街都时刻准备着钱，以防有损市容被罚款。"

鲁迅先生就有首家喻户晓的《自嘲》诗："运交华盖欲何求，未敢翻身已碰头。破帽遮颜过闹市，漏船载酒泛中流。横眉冷对千夫指，俯首甘为孺子牛。躲进小楼成一统，管它冬夏与春秋。"

敢于幽默自嘲的人，往往都敢于撕破自己的面子，带给人一种"拿得起、放得下、想得开"的感觉。当我们将这种直率和真诚展示在他人面前时，会格外充满魅力。在沟通中，遭遇尴尬时，运用自嘲能够增添乐趣，融洽气氛，增进彼此之间的友谊。

实战指南

在人际交往中，适当地自嘲，是一种良好的修养，也是一种充满魅力的交际技巧。那么，我们在利用幽默的自嘲化解尴尬时要怎么做呢？

■ 正视自己的槽点

想要在沟通中做到自嘲，首先要正视自己身上那些看似无关紧要的槽点。只有这样，我们在沟通时才不会回避这一话题。当面对对方吐槽时，我们也不会下意识地选择逃避或者掩盖。如果无法正视自己的槽点，我们在与他人沟通时就会感受极大的束缚感。

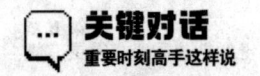

- **注意自己的语气**

我们在自嘲时,内容的笑点往往需要语气的配合。多使用一些轻快或正经的语气,同时切不可在说话之前或者在说话的过程中笑个不停。不然,不仅不会化解自己的尴尬,反而会使对方产生匪夷所思的感觉,令彼此之间的沟通气氛变得更加尴尬。

- **角度上避免误伤**

在公众社交场合,自嘲要极具针对性,不然很可能会在自嘲的同时误伤到别人。这也是很多人在自嘲之后并没有达到预想效果,反而令其他人心生不悦的原因。所以,我们在自嘲时选择的点很重要。比如,当身边有比你年纪大的人在时,尽量不要在年龄上做文章;有比你胖的人,要避开体重的话题等。

自嘲的幽默是以轻松的心情看待自己,面对别人。你处理尴尬和难堪的幽默方式,会让你散发出更加夺目的光芒。

7. 别人和你开玩笑时要如何回应

> 情景对话

对话1

有客人来家里做客,席间大家正在吃鹌鹑蛋。一位客人见到女主人奇怪的发型,就打趣说:"你这是咋回事啊,咋烫了个鸡窝头?"

餐桌上的人顿时有些尴尬。女主人却没有生气,解释说:"还不是因为你非要吃鹌鹑蛋,早上我去拿鹌鹑蛋,鹌鹑不肯给,就把我的头发啄成这个样子了。"

周围的人听完都哈哈大笑起来。

对话2

在一次同学聚会上,一个人打趣班长说:"人家20多岁结婚,孩子都满地跑了,你这30多岁了怎么还没交朋友?"

班长揉了揉脸,一脸无奈地说:"我也想啊,但是没办法,长着一张娃娃脸,看起来像还没长大一样,女孩子都不好意思下手。"

分析

无论在工作还是生活中,我们总会遇到一些喜欢开玩笑的人。有的玩笑,既无伤大雅,又能博众人一笑,能起到活跃沟通气氛,增进彼此关系的作用;但有的玩笑,在我们看来似乎有些过火,给人一种既不舒服又不能发作的感觉。

很多人都苦于不会接话,无法巧妙地承接对方的玩笑或将"软刀子"捅回去,只能选择默默地忍受这种不适,甚至强行表述自己的感受,使彼此之间的沟通气氛陷入僵局。在面对过火的玩笑时,不擅长接话的人一般可选择三种方式。

第一种,直接提示对方。很多时候,让人产生不舒服感觉的玩笑一般出现在有外人在场的情况,开玩笑者无意或有意在这种情况下令人感到难堪,达到取笑、逗趣的目的。有些人在面对这种玩笑时会直接提示对方"你这么说,我可是会生气的哦",表情异常严肃,从而迫使对方停止这个玩笑。不过,停止玩笑的目的能够达成,但场中的沟通气氛却会变得更加微妙,话题会进行得小心翼翼,从而使沟通产生阻塞。

第二种,保持沉默,视而不见。当对方不管不顾地进行调侃时,有的人会选择用宽广的胸怀包容对方，沉默应对。你的不作为、不反馈会让对方感觉像当众说了一个笑话却无人捧场一样。当对方的"付出"没有得到相应的"回报"时，自然就会降低继续调侃你的兴趣。但这样一来，你的沉默更像是冷眼旁观，等于将自己从一个良好的沟通中脱离出来，想要再融进去就不那么容易了。

第三种，秋后算账。有人认为，别人之所以喜欢拿自己开玩笑，是因为自己没有令人忌惮的实力或者行为，对方将自己视为"软柿子"。所以，他们就选择在日常生活中将自己变成一个"硬柿子"。当对方和自己开一些过火的玩笑时，他们会暗示对方"你得罪我了"。之后，在对方需要自己帮忙时，选择作壁上观，给对方一些教训。如此，对方肯定不会随意将你作为取笑的对象。但是，我们尚且不论开玩笑者的对与错，这种秋后算账的行为或多或少会给他人留下一种心胸狭隘的印象，对人际交往极为不利。

无论面对什么样的玩笑，我们都需要从容接话，在沟通中承接对方的幽默或躲开对方的"暗箭"，甚至找机会反捅对方一"刀"。

实战指南

想要做到妥善回应对方的玩笑，我们首先要能分辨对方玩笑的性质。如果对方本身并无恶意，只是为了活跃一下沟通的气氛，我们可以在承接对方的玩笑之后，迅速转移话题。

比如，一个人打趣你说："兄弟，你怎么还不结婚啊？一定要找一个仙女一样的女人吗？"我们就可以这样回应："哥啊，你这玩笑开得就没意思了，我这不是没找到合适的，要不你给我介绍介绍？"

首先，我们将对方说的话定性，这是一句玩笑话，然后将话题转给对方，让对方"介绍介绍"。如果对方选择不答应，我们可以顺势反开玩笑道："老哥，你也太够意思了，每次都拿兄弟的终身大事开涮，也不帮着我多物色一下。"如果对方选择答应，我们就可以感谢对方说："哥，那我就等你的好消息了。"再次见面时，对方也没有办法再拿这个"梗"来拿你开涮。

当对方的玩笑带有讥讽甚至侮辱性质时，我们就可以直接反击。如果对方及时道歉，并说明这只是一个玩笑："不好意思，我就是开个玩笑，真没那种意思，你千万别往心里去。"我们也可以借坡下驴，不使双方太过难堪："我就知道你不是那样的人，就是大家聊得太开心了。不如大哥以后多上心，为小弟物色一个？"

8. 启用诙谐的方式，帮自己摆脱困境

> 情景对话

对话1

一位男士正在餐厅进餐，突然发现菜汤中有一只苍蝇。他十分生气，叫来服务员，气愤地问道："请问，这东西在我的汤里干什么？"

服务员弯下腰，仔细看了一眼，幽默地回答说："先生，它在仰泳！"餐馆里的顾客被逗得捧腹大笑。男士也被服务员的话逗乐了，服务员马上向他表示了歉意。

对话2

一位王子带着众随从到乡下打猎，中午的时候感觉肚子有些饿，就到附近一家小餐馆吃饭。吃完之后，他看了一眼账单，愤怒地对老板说道："两个鸡蛋要这么贵，难道鸡蛋在你们很稀有吗？"

老板毕恭毕敬地回答说:"不,殿下,鸡蛋在这里并不稀有,王子才稀有。鸡蛋的价格必然要与您的身份相称才行。"

王子听完之后,哈哈大笑,愉快地让随从付完账单。

分析

在工作和生活中,我们一定遭遇过令自己感到难堪的窘境。可能是言行上的失误,也可能是他人为我们挖的陷阱。比如,精心打扮后去参加单位举办的聚会,却不小心把红酒洒到了身上;穿着长裙去参加一个朋友的生日聚会,却不小心当众摔了一跤;老总请大家吃饭,夹菜时不小心和同事一起伸向了最后一块排骨……

当某个事件发生时,我们大部分人恨不得挖地三尺找到一个逃避的途径。其实,我们大可不必如此。生活中很多尴尬的事都能用一句幽默的话轻松应对。用诙谐的方式来处理矛盾和烦恼,能打破沟通的僵局,使人与人之间的沟通变得更加友好。

面对种种令人尴尬的场景,我们可能会不知所措。如果此时我们能够适当地幽默一下,就能够帮助我们摆脱困境。在生活和工作中增添一些诙谐和幽默,不仅能够化解尴尬,消除愤怒,还能够促进人与人之间的沟通。

实战指南

当我们面临生活中各种各样的困境时,应该如何通过诙谐、幽默的方式帮自己摆脱困境呢?

- **自嘲**

当我们遭遇尴尬,特别是关于自身某种缺陷的问题时,我们可以幽默、豁达地嘲笑自己,大方地承认自己的不足,既能博大家一笑,又能展示自己的坦诚和睿智,遭遇的窘境问题也能迎刃而解。无论是嘲笑自己的长相、缺点,还是身边的遭遇,都能起到为自己解围的目的。

比如,有位女士被他人调侃肥胖的体型时,自嘲道:"我一直不敢穿白色的泳衣在海边游泳,我害怕一去,飞机上的人会认为他们又发现了一个新大陆。"

- **比喻**

我们可以利用比喻将让我们遭遇尴尬的事物转化为另一种事物,从而达到幽默的目的,活跃沟通气氛,化惆怅为欢乐。

比如,苏格拉底的妻子对着他大嚷大叫,并且将一桶凉水泼到了苏格拉底身上。当在场的学生感到尴尬的时候,苏格拉底却笑着说:"你看吧,我就知道打雷之后一定会下雨。"

- **反讽**

反讽指的是针对他人的侮辱给予毫不留情的反击。在现实生活中,它需要将自己的思维充分调动起来,当对方利用自身的有利条件和我们的弱点制造难堪时,我们就可以使用讽刺性幽默使自己不落下风。

比如，萧伯纳在一场新剧上映之前，邀请丘吉尔前往观看，他在赠送的入场券背后写上了一句话："欢迎您和朋友一起来观赏，如果您还有朋友的话。"丘吉尔见到之后，马上回答说："我今天晚上实在抽不出空来，明天我会邀请朋友一起出席，如果阁下的剧能够演到明天的话。"

■ 调侃

调侃是幽默的一种方式，它能够使紧张的气氛变得轻松，运用诙谐幽默的语言和表情，轻松化解尴尬，赢得他人的尊重。用调侃面对窘境，更容易找到台阶，高明地脱身。

比如，里根在加拿大演讲时，周围很多示威人士不断高喊反美口号，使他的演讲不时中断，场面一度变得十分尴尬。里根满面笑容地说："这种事情在美国时有发生。我想这些人一定是特意从美国来贵国的，他们想使我有一种宾至如归的感觉。"

采用诙谐、幽默的方式帮助自己摆脱困境，会给人一种从容不迫的感觉。以上几种方法能够在你遭遇窘境时，通过含蓄或温和的玩笑，达到脱离尴尬的目的，使人与人之间的沟通变得更加和谐友好。

第六章
遭遇各种难堪，机智接招彰显高情商

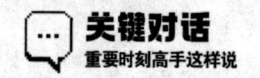

1. 表白直接被拒,空气突然安静怎么办

情景对话

赵楚生向邱怀雨表白,邱怀雨很惊讶,连忙拒绝说自己一直拿赵楚生当朋友,没想过要和他在一起,如果实话实说,就是感觉两个人不合适。

赵楚生想知道到底哪里不合适,邱怀雨回答说性格方面真的不合适,两个人在一起会发生很多矛盾,劝赵楚生再找一个合适的人。

赵楚生见邱怀雨真的没有和自己相处的想法,就说道:"好吧,我忘了,你是黄金,我是青铜,咱俩的水平确实不在一个等级,那你以后还得带带我呀,不能老让我在青铜段位里待着。"

分析

提起表白,肯定有人会想起自己第一次表白时的场景。很多人本来一腔热情，没想到却遇到了钉子。有的人以为表白被拒绝是对方真的认为双方不合适，有的人认为这是对方考验自己的手段。无论如何，败下阵来的滋味都不好受，可是这时不说话就会很尴尬，可能以后连朋友也没法做了，而有些人最终在一起是经过好几次的表白，所以被拒绝时该怎样说非常关键。

有些人一遇到挫折就会发飙或者气馁，这种表现只会让对方更加抵触，以后更不可能有来往了。更有甚者，表白被拒绝的时候会说对方的坏话，这会加速双方关系的破裂。

有些人会当场问清原因，一般来说，对方肯定会说清楚不能接受你的原因。如果他们说的原因是学习、时间等不允许，这说明以后还有机会，你可以继续追求。如果对方说原因是性格不合或者故意逃避这个话题，也有可能是他们真的不喜欢你，接下来你只需心平气和地转移话题就好，气氛也不至于太尴尬。

有些自以为聪明的人被拒绝后会说："我刚才是实验一下，我准备向别人表白的，就先拿你演练一下。"这种"幽默"其实是非常伤人的，对方也会对你的这种行为感到不齿。

还有人会说："你眼光太高了吧？"或者说："你到底想找个啥样的啊？"对方肯定不会告诉你自己有什么要求，而且肯定想赶快结束与你的谈话。

情商高的人会说："我是想看看你的眼光，经过验证，你的眼光不错。"这种方式就让对方感到很开心，也很放松，因为对方被你表白的时候，心里是很紧张的，她们不想伤害你，但又不想接受你，你说她眼光太高了,她可能不知该如何回答你,而且感觉你是在逼她。如果你幽默地说她眼光不错,她的戒备心就会放低,还会反过来安慰你,你们还能继续交往下去,而只要有交往,你就还有机会。

实战指南

表白被拒绝本身就比较尴尬,如果处理不好,没有说出正确的话,就难以挽回局面,但是有几个方法可以让你被拒绝后还能获得对方的好感。

■ 方法一:夸对方很优秀

无论男女都希望能在某一方面得到他人的夸赞,你在表白失败后夸赞他们,就不会让局面太过尴尬。比如,你可以说:"我就说嘛,你这么优秀,肯定不只我一个人喜欢你。没事,败给比我优秀的人,我认。"这种方式还有一个好处就是以退为进。对方在拒绝你之后,可能会有愧疚心理,害怕对你造成了一定的伤害,出于补偿心理,他们可能会放低姿态,甚至答应你的表白。

■ 方法二:让对方感觉这是误会

有些人表白时没有直接说明,而对方表现出拒绝的意思时,你可以说:"哈哈,我演技不错吧。不去好莱坞,我自己都觉得可惜了。""啊,今天不是愚人节吗?"如此回答会让对方觉得这其实就是一个误会。

第六章
遭遇各种难堪，机智接招彰显高情商

江飞燕暗恋郑青锋很长时间了，她感觉对方对自己也有意思，就主动向他表白说："如果我说喜欢你，你会不会很吃惊？"郑青锋其实对她没意思，支支吾吾地说："我现在还没想过。"江飞燕又问了他几个问题，感觉他真的没有和自己交往的意思，就说："别紧张，我都说了是'如果'，我是看你很帅却没对象，想看看你是不是对我有意思，我怕你哪天和我表白，我没防备。你对我没意思，我就放心了。"

其实，如果你在表白被拒绝之后，想立即说一句话缓解尴尬，也不太好，有可能对方是有意思和你在一起的，只是在考虑。如果你直接就给自己找了个台阶下，有可能他看你这样，反而认为自己没机会了。

如果确定对方的拒绝是真心实意的，为了避免双方尴尬，更为了不让原本挺好的关系陷入僵局，就要做好准备，应对空气忽然安静下来的窘境。

2. 面对让你为难的请求，幽默一下，让对方知难而退

> **情景对话**

钱钟书因《围城》享誉世界，但他生性淡薄，不喜欢应酬。有一位外国的女生非常喜欢钱钟书，便打电话给他说："钱钟书先生，我十分喜欢您的作品，我想去拜访您一下。"

钱钟书回答说："如果你吃了一个鸡蛋，觉得很好吃，难道还有必要去看一眼下蛋的母鸡吗？"

> **分析**

在生活中，拒绝是一件令人尴尬却又无法避免的事。你的骨肉至亲从未开口求过人，穷途末路之际求你相助，如果遭到直白的拒绝，

必然会心生失望；你的患难挚友曾在你危难之时伸出援手，你若拒绝对方的请求，会给人一种忘恩负义的印象。

有些请求虽然合理，却受限于某些客观条件，无法予以满足。自己反感也好，心有余而力不足也罢，无论哪一种情况，拒绝别人都会令我们感到难以启齿。我们担心生硬、直白的语言会刺激对方的情绪，又害怕不妥当的拒绝破坏彼此之间的关系。而幽默恰恰是一种能够表达真实企图，避开尴尬的语言武器。

案例中的钱钟书先生用一种生动且别致的比喻，幽默地拒绝了外国女士的请求。面对令你为难的请求时，幽默不仅能够坚持自己的立场，让对方知难而退，还能够保全对方的面子。同时，幽默还能使彼此之间的沟通气氛变得更加融洽。

当对方的请求在我们能力之外，不得已要拒绝时，根据不同场合和对象进行考虑，用婉转温和的语言将拒绝的本意表达出来，会避免伤害到对方。与直接拒绝相比，幽默的拒绝可以在很大程度上顾全被拒绝者的颜面，更容易令对方接受。

幽默的拒绝技巧是一项优秀的交际能力，它能够使人与人之间的沟通氛围变得更加和谐。所以，当我们要拒绝别人时，不妨尝试用一些诙谐、幽默的语言来拒绝对方。

实战指南

在面对让你为难的请求时，让对方能够欣然接受你的拒绝非常重

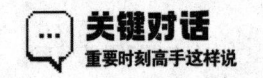

要。只有将"拒绝"两个字藏在妥善的话语中，才能使对方快速地接受。那么，我们应该如何合理地将幽默与拒绝相结合呢？

- **暗示法**

用其他事物的想法或结局展示自己的真实意图，暗示对方，令对方知难而退。比如，有人请庄子做官。庄子回答说："你看到太庙中那些被当作贡品的牛羊了吗？在它们尚未被宰杀时，披着华丽的布料，吃着精致的饲料，确实很风光，一旦到达太庙就会成为祭祀的牺牲品，如果它们再想自由自在地活着，还有机会吗？"

庄子并没有正面回答对方的问题，只是用祭品的命运暗示出自己对做官的拒绝。

- **比喻法**

搁置对方的请求，转移对方的注意力，将自己比作成某种事物，令对方意识到自己的拒绝。比如，钱钟书先生将自己比喻成一只下蛋的母鸡的回答。

- **顺水推舟**

遵循对方的逻辑，用合理的事实回应对方不合理的要求，利用前后之间的反差达到幽默拒绝的效果。比如，顾客排队等得非常着急，说："我已经在这个窗口前面待了30多分钟了。"服务员回答说："我已经在这窗口后面待了30多年了。"

一位朋友邀请艾克去打球，但他的妻子并不喜欢他参加这样的活动。朋友说:"不要管你的妻子了,你是男子汉还是耗子?"

艾克回答说:"我是男子汉,但我的妻子怕耗子,不怕男子汉啊。"

■ 偷换概念

简单来说,就是从对方的请求中找到能够产生歧义的点,将其放大,使自己既能回答对方的问题,又能避开对方的请求。

比如:有人向你借钱,你可以回答说:"戒钱?人没了钱还能活吗,听说过戒烟戒酒的,就没听说过戒钱的,你还是别戒了吧!"

对很多人而言,拒绝有时候真的很难说出口,但答应对方的请求难免会使自己的利益受到损害。所以,面对一个让你为难的请求时,不妨将幽默放进拒绝中,让对方理解我们的苦衷和决定,同时又不会对彼此之间的沟通产生影响。

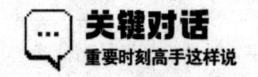

3. 被朋友当众揭短，怎么回应才不会失颜面

情景对话

王颖问赵强："我那天见你跟你媳妇逛街了，你拿了挺多东西啊！"

赵强说："我一个大男人提点东西怎么了？"

王颖说："不是吧？我看见买的可都是女士用品，原来你在家里没地位呀！哈哈。"

赵强说："给媳妇买东西是为了家庭和美，这跟地位没关系。有的人以为不给媳妇买东西就很了不起，家里矛盾不少吧？该同情的怕不是我吧？"

分析

我们都有一些短处不想让别人知道，但总有人戳别人的轮胎，他们可能只是为了取乐，但被戳了轮胎的人岂能不生气？然而，生气解决不了什么问题，还会让人感觉你难以相处。

有的人在被当众揭短后，虽然感到很尴尬，却找不到反驳的话，既丢了脸，又让人觉得你好欺负。有的人被揭短后强颜欢笑，硬挤出一句说不通的解释，别人更可以抓住把柄，使劲拿你开涮。因此，被人揭短后挽救僵局非常重要，这样才不至于被人当成"气门芯"，说拔就拔。

实战指南

被人揭短时，回应得当才能维护自己的尊严，并且让对方无法再揭你的短。

■ 方法一：被对方攻击生理缺陷

不少人喜欢拿别人的生理缺陷来开玩笑，比如掉发的人被说成脑门真亮，被揭短的人在这种情况下一般是以幽默来化解，毕竟对方不能总抓着别人的生理缺陷不放，这样他的人缘也会很差。

荀丽长相甜美，但她对别人的长相很是挑剔。在看到同事王辉那长得不好的牙时，她当着同事的面揭他的短："你的假牙该换了吧？"王辉也不气恼，幽默地说："小时候换牙，也不知道老天咋想的，怎么给我换了副假牙，这一戴就摘不下来了。换一副吧，都没这副合适，这毕竟是原配呀！"

■ 方法二：被对方戳中痛点

有的人取得了一点成就到处炫耀，了解情况的人会猛戳他的痛处。如果强横地反驳，可能会导致关系破裂。这时就要和对方讲明自己的优势或者幽默一下，把话题转到其他方面去。

许亮的文章在公众号上发表了，喜滋滋地到处炫耀。了解的朋友说："不就是几段话吗，人家编辑还改了不少。"许亮巧妙地说："虽然文字不多，可是文字里传达的精神很丰富啊，要不然编辑怎么会看中了我的文章，而没有选其他人的呢？"

无论揭短的人是不是故意为之，我们都不能毫无反应，因为没有回应就等于默许他们可以得寸进尺。所以，采取正确的方式回应揭短，是每个人都要深入研究的技能。

4. 看破不说破,才不会陷对方于尴尬

▶ 情景对话

对话1

何美在一家微店买了一些面膜。店家宣称是正品,可她用了几次之后,发现自己的脸居然过敏了,红肿了一片。

正巧,一个老同学办生日会,邀请了何美和她的朋友参加。

现场,何美心仪的男生也在。他关心地问她脸怎么了。

何美原本想用"食物过敏"搪塞过去,可是她还没开口,她的朋友便抢先开了口:"还不是贪便宜,在网上买到了假面膜。"

何美忙用眼神阻止,可对方依然不管不顾地说:"跟她说了很多次,面膜要用好的,马虎不得。我让国外的朋友给她代购,她嫌贵,非要自己去网上淘,活该被骗。"

当时的何美恨不得找个地洞钻下去。事后，她很久也没搭理那个朋友。

对话2

去年七夕节前，阿云和男友分手了。七夕当天，阿云独自一人随便找了一家面包店填肚子。在店门口，她和同事柚子打了个照面。柚子笑着打招呼道："在这儿吃饭呢？"

阿云淡淡地"嗯"了一声。

柚子说："这家可是网红店，据说面包师以前是大酒店的糕点师。"

阿云稍稍有了兴致，说："怪不得，他家比一般的面包店的味道要好很多。"

两人聊了几句后，便各自回了家。

第二天，几个同事在茶水间闲聊。有人问阿云："七夕怎么过的？"

原本，阿云不是一个虚荣的人，但因为刚失恋，内心还是刻意回避这件事，便不自觉地撒了谎："也没怎么过，和男友简单吃了个牛排。"

话说完，阿云才意识到柚子也在场，她心虚地瞄了一眼柚子，但是自始至终，柚子都没说话。

之后，她还是有些忐忑，怕柚子在背后拆穿她。然而，公司并没有关于她的任何流言传出。

第六章
遭遇各种难堪，机智接招彰显高情商

慢慢地，阿云发现柚子是一个可交之人，她聪明却从不耍聪明，有分寸懂克制。一来二去，两个人便成了挚友。

说起七夕那件旧事，阿云感谢柚子没有拆穿她。

柚子笑了笑，说了一段话，让阿云记忆深刻："无伤大雅，何必让人下不了台呢？重要的是，当时的你，看起来有些难过，让人心疼。我在一旁，特别想给你一个安慰的拥抱。"

分析

我们在生活中经常会碰到他人说谎的情况。比如，同学聚会或公司聚会中都会有人高谈阔论，吹嘘自己的人脉、经历、资本等。有时候对方一开口，我们就知道是子虚乌有的事，但我们不需要去揭穿他们：一来每个人都有一点虚荣心，况且聊天中吹牛很正常；二来你的犀利会置对方于尴尬，甚至破坏整个聊天的气氛。

常言道："看破不说破。"当身边的人做出一些掩盖本相的事情，即使我们能够一眼看穿其本质，也不应该当即点破。否则，既容易使对方感到尴尬，又会伤到彼此之间的情分。在人与人交往沟通中，藏有多少谎言与客套，我们都不必去拆穿，这是我们想要维持沟通气氛必须要懂的道理。

法国哲学家卢梭说："为自身利益撒谎，那是欺骗；为他人利益撒谎，那是诈骗；为了陷害而撒谎，那是造谣中伤。诸如此类都是最坏的撒谎，而对自身和他人都无害亦无利的撒谎，那不算撒谎。那只

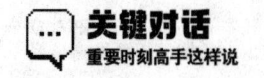

是虚构而不是撒谎。"很多时候，面对一些谎言，我们不说并不是我们不了解整件事的来龙去脉，也不是我们心虚，而是于人于己都留有方便和体面。

况且更多时候，对方口中的谎言不过是自身的一点伪装，为的是自我安慰或自我保护。那就像是对方软肋上的一副铠甲，如果我们只为了抖个机灵，就轻易刺在对方的软肋之上。这种举动是对彼此沟通氛围的最大损害。

有些谎言不过是生活的点缀，如果你选择拆穿它，它将是一个令对方再次流血的伤口。所以，看破不说破的背后，不只是管住了自己的嘴，还是照顾对方的情绪，也是对对方的体谅和疼惜。

实战指南

人际交往中心直口快并不是什么好事，别人的"谎言"看在眼里就行，说出来往往会使得彼此陷入尴尬的境地，使沟通难以进行下去。那么，我们该如何做到看破不说破呢？

首先，我们要接受对方的"虚伪"。对方的条件不算优越，却总是在沟通中表现出自己生活优越；对方一受到别人的打击就会歇斯底里，却会在别人面前表现得十分大度。这些情况的出现，对方可能只是为了维护自己的自尊心或掩盖自己在某方面的不足和劣迹，我们不必强行揭开对方的伪装和掩盖。

其次，面对对方无关紧要的吹嘘和掩饰，我们不妨给予对方优越感，给足对方面子。比如，当对方自身条件差，却说："我在北京一家外企上班，工作还行，勉勉强强养家糊口。"你可以适当吹捧一下对方："是吗？那你真是太厉害了，以后有机会一定要帮帮我。"

在生活中，如果有一个人揭穿了你的谎言，想必你肯定不愿再与他进行交流。推己及人，别人的生活也不需要你来"揭穿"。在沟通中，不管关系远近，对于他人无伤大雅的谎言，在不触及原则的情况下，看破不说破才是维持和谐沟通气氛的最好选择。

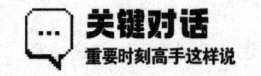

5. 被当众羞辱、讽刺，应如何回击挽回尊严

情景对话

对话1

英国著名诗人乔治·英瑞出身于一个木匠的家庭，但他在上流社会中从不隐讳自己的出身。在一次社交场合中，一位贵族子弟嫉妒他的才华，高声问道："对不起，请问阁下的父亲是不是木匠？"

乔治回答说："不错，您说得很对。"

对方嘲笑道："那他为什么没有把你培养成木匠？"

乔治微笑着反问道："对不起，想必阁下的父亲是一名绅士吧？"

对方颇为自得地回答说："那当然了。"

乔治疑惑地问道："这就奇怪了，那他怎么没有将你培养成一名真正的绅士呢？"

乔治·英瑞的话让这位贵族弟子哑口无言。

对话2

日本人曾邀请张作霖出席酒会,设计当众羞辱他。他们认为张作霖是一个大字不识的粗人,便请张作霖现场写一幅字。

张作霖冷笑一声,毫不推辞,在宣纸上写下了一个"虎"字,落款为"张作霖手黑"。有人发现了张作霖的笔误,就笑道:"张大帅,您的落款'手墨'的'墨'字下面少了一个'土',成了'黑'字了。"

张作霖双眼一瞪,说道:"你懂个屁,谁不知道在'黑'字下面加个'土'字念'墨'?我要送给日本人的,这叫'寸土不让'。"

分析

生活中,每个人都有可能受到别人的刁难,像羞辱、讽刺、诽谤等,如果你选择不理会对方,就存在默认的嫌疑。如果选择直言辩解或反驳,会在众人面前折了气度。无论是进是退,好像都不能将自己从这场闹剧中抽离出来。

所以,面对对方的恶言相向,我们要懂得控制自己的情绪。给自己一点时间,调整好状态,努力让自己冷静下来,至少要降低愤怒情绪的程度。不然,在人员众多的场合,你越失态就越可能影响自己在众人心目中的形象。他们的目的不外乎就是想看你出丑或想让你推卸责任,降低你在众人心中的形象。

控制自己的情绪能够使自己保持一个清醒的头脑。在面对恶语中伤或蓄意挑衅时,我们就能进行有力的回击,挽回自己的尊严,令对方无话可说。

实战指南

那么，我们在受到别人恶语相向时，应该如何反击呢？

■ 撒泼型反击

当别人用羞辱、指责等方式恶意侮辱你时，你可以使用更加强烈的反应震慑对方。你的反击越猛烈，给对方留下的印象也就越强烈，效果也就越好。

■ 技巧型反击

当对方只是对你进行含沙射影般的嘲讽时，你可以利用各种技巧进行反击。比如，直接说出对方的目的。当有人对你说："你这样怎么会有女孩子喜欢？"你可以反击说："你的意思是说我长得丑？"

用对方的观点反讽对方。比如，萧伯纳是一个又高又瘦的人，一个肥胖的资本家嘲笑说："萧伯纳先生，看见你就知道世界在闹饥荒。"

萧伯纳立刻反击说："先生，看见您，就知道世界上闹饥荒的原因了。"

使用各种技巧能够起到四两拨千斤的作用，将对方打算给予你的困境瞬间还给对方。

■ 顺其心意型反击

当对方充满恶意地诬陷你时，你可以选择让他展示证据。比如，当对方说："其实你就是一个骗子，什么都能做得出来的骗子。"你可以以疑惑的口吻反问道："哦？真的吗？那就得请您彻底揭露一下了。"诱使对方继续编排你的负面情况，直到对方找不到其他槽点。而在这种情况下，你要保持自己礼貌、谦逊的态度。这样不仅不会因为自己的暴躁而失礼，还能够赢得周围人的尊重。

同时，我们要注意反击的场景。比如，在工作等场合，最好不要回应对方，因为你将时间浪费在无用的事情上，容易招致同事的反感、老板的不耐烦，对自身的发展会起到一定的负面作用。

当然，生活中刁难千变万化，反击方式也远远不止这几种。想要面对突发状态，反击对手，挽回自己的尊严，就需要我们时刻调整好状态，做到随机应变。

6. 面对他人的谩骂，如何回复才能显示出高情商

情景对话

李敖和余光中由昔日的同事变成仇敌后，李敖认为余光中人品极差，文学水平也比自己差了很远，他曾经说余光中"文高于学，学高于诗，诗高于品"。

但是，面对李敖的攻击，余光中好像从来没有回应过。后来，有记者问起此事，余光中思索片刻后说道："我的文章到底如何，读者自然会有评价，不需要我来辩解。李敖经常骂人，似乎不骂人就写不出文章。他天天骂我，说明他的生活不能没有我。我没有理会这件事，是因为我的生活中可以没有他。"他还说他的这种方式是和他的老师梁实秋学的，"中年以后从不接招"。

分析

每个人都会受到别人的语言攻击，总有人不喜欢你，也时常有人

对你的言行横加指责，就算是很多人都喜欢的苏轼也有人对他很不屑，名人都有不能让人满意的时候，何况是普通人？

在被别人攻击之后，大部分人会暴躁、发飙，也有人会憋在心里自己难受，这些都不是高情商的表现。假如攻击你的是多年好友，这次攻击你只是一时看不惯你的一些行为，而你却对他大吼大叫，你们的关系也就到此结束了。假如攻击你的是领导、同事，你却忍不住和他们互怼，你的职场生涯也就危险了。

有人说，虽然人们需要维护关系，但是对方都不尊重你，你又何苦单方面守护这脆弱的关系线。既然关系已经变僵，那就痛快地做个了断。但是，社会十分复杂，你为了逞一时之快，对别人的语言攻击毫不退让，那些旁观者却认为你毫无教养。所以，很多名人对别人的攻击不做回复，因为他们一旦和粉丝、朋友吵起来，媒体、大众就会把这个话题当作谈资。

有一种人是"刀子嘴豆腐心"，他们用"刀子嘴"攻击别人，却容不得别人还击自己，因为他们的心比"玻璃心"还禁不起压力。面对这种人的语言攻击，只能用高情商回复，为自己解围，也软性地回击对方，让对方闭嘴。

有的人比较幽默，会对攻击他的人说："你的嘴纪律性太差。"如果对方仅此一次对你进行了攻击，而且不是针对你的人品，就会被这种幽默说法逗乐，你们的关系也不会变僵。如果对方是攻击成瘾的人，他们根本不会因为一句话就闭嘴。对付这种人，你要么可以不理睬他们，他们感觉没趣了也就不再言语了；要么像林肯那样，在看到

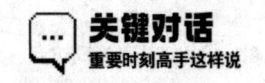

写着"笨蛋"的纸条后幽默地来一句"我只见过写了内容的纸条,而这张纸条没写内容,只签了自己的名字"。

实战指南

人们受到别人语言攻击的情况有很多,回复他们的技巧也要看情况而定。

- **方法一:对方只是对你的行为不满,你可以发扬阿Q精神**

我们有时候不注意自己的行为,以为自己的行为人畜无害,可是有些人却会很反感,并对你的这种行为进行攻击。这时,你可以发扬阿Q精神,自嘲一下,对方看你态度不错,就不会再揪着你不放了。

比如,你喜欢发朋友圈,特别是知识内容,你以为没什么关系,可是有朋友就会攻击你,说:"天天臭显摆啥?显你有文化?真想把你的朋友圈截图发出去。"这时,你说:"只怪自己长得丑,只能多看看书。"朋友也就不会再不依不饶了。

- **方法二:对方把语言攻击当成乐趣,你可以反唇相讥**

有的人感觉和别人斗嘴是一种乐趣,遇到一个人就想攻击一下。面对这种人时,我们要懂得反唇相讥,而且要让他们接不上来,他们感觉很失败就不敢再挑衅了。

比如,有人攻击你说:"看你长得歪瓜裂枣的样儿,天天还想癞蛤蟆吃天鹅肉呢！"你就可以回击他说："那也比你强呀，你长得像一位名人，初中历史课本第一册第一页上那个人。"因为对方不知道这个人是谁，他肯定无法接话。他如果问你，反而落了下风。

- **方法三：有人攻击人时会列举情况，你可以做一下反向推理**

有人语言攻击你可能是为了你好，他们不满意的只是你的性格或者思维方式，而他们在攻击你的时候还会为你摆明情况，你就可以进行反向推理，让他们看到好的一面。

比如，有人对你执着地要做电话销售很不满意，语言攻击你说："你不听我的啊，等你做了销售，你打电话打不来，领导得骂你；你给人使劲打电话，客户得骂你。"你就可以这样说："那我给客户打电话打得多了，领导会夸我呀；我给客户说开心了，客户不得夸我呀！"

被人语言攻击本来是一件很尴尬的事，可是高情商的人能将金刚指化为绕指柔，能让旧交不散，能让敌人闭嘴。如果对方只是骂人的激情无处安放，那就由他骂好了，反正他得罪的不止你一个人。

第七章
职场话术,你的应变能力就是你的实力

> 关键对话
> 重要时刻高手这样说

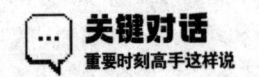

1. 面试官故意刁难你，怎么接话求双赢

情景对话

陈鹏经人介绍到药企面试的时候，遇到了面试官的刁难，刚开始气氛很尴尬。

面试官看完简历上的主要信息，问他："据我所知，你上家公司的薪资水平很高，你能说说你为什么跳槽吗？"

陈鹏说："因为我想学点技术，我在上一家公司是负责管理物料的，但我觉得技术工作比较有前途。"

面试官打断他说："你是想学好技术再找个好工作吗？"

陈鹏感觉这个问题很刁钻，回答不好很容易面试失败，仔细琢磨了一下，说："我上一家公司的情况您不太了解，他们原来是家族企业，我们部门经理就是原来董事长的亲戚，我们这些员工没有发展前途。而贵公司的情况我朋友和我说过，他说这里每个人都有发展的机会，领导会让每个人都参与管理，我认为有发展前途的公司才适合我，我肯定会在咱们公司里生根，和公司一同成长。"

经过一系列问题，面试官还想再为难他一次，又问道："我问你最后一个问题，如果你朋友升职了，你是他的下属，你该怎么办？"

陈鹏说："那我当然要恭喜他了，这说明他肯定有比我强的地方，我要跟他学习，还要和他一起并肩战斗。而且这种情况更是提高自己的机会，怎么保持恰当的关系肯定是我要学习的。在工作上就是工作关系，这个我有信心。"

后来，陈鹏接到了入职通知。

分析

在面试中，我们经常会遇到刁难。有时，这种刁难只是面试官考验我们的方法，这就叫"压力面试"。面试官采取这种方法的目的就是想看看求职者的心理素质和应对能力，一是因为工作能力在面试时不好评估，二是因为抗压能力才是工作中最重要的素质。很多人以为工作能力是最重要的，但是很多工作能力强的人无法面对工作中的巨大压力而选择跳槽，而那些工作能力一般的人却能坚持下来。对于公司来说，工作能力强只能解决一时的危机，抗压能力强才有利于公司的长期发展。

有些求职者面对面试官的刁难很紧张，害怕自己的回答不能让人满意，害怕回答不好直接导致自己面试失败，结果语无伦次、手足无措,这种行为正是面试官看不上的。还有些人在面对刁难时会当场发飙或语言不敬,这也可以说是中了面试官的圈套。更有一些人在面试时可能认为面试官就是不想聘用他,比如面试官会揪着一点小问题反复提问,特别是那些频繁跳槽的人、面试中出了一点问题的人,对这种情况更是熟悉。

要知道,求职者的表现是最终让面试官做出决定的理由,因为面试本身是要让面试官看到自己的闪光点,如果面试官看到的都是阴暗面,面试自然会失败。

实战指南

情商高的人,不会被面试官的问题难住,他们都会想法展现自己的闪光点,并找机会和面试官开心畅聊。面试官本来想考验他们的应对能力,而见到对方能够融洽相处,肯定会在情商这一点上为其加分。

- **恰当反问**

有时候,面试官可能对求职者的第一印象不太好,所以会刁难求职者。此时,求职者不必在意面试官的刁难,或者可以顺着对方的话反问他一个问题,将难题抛回给对方,从而给自己增加一些机会。比如,某时装公司需要模特代言产品,模特公司派孙丽前去试装。然而,时装公司感觉孙丽不够出众,就问她:"你的形象能让我们盈利吗?"孙丽反问道:"那你们的时装能让我更出众吗?如果消费者看到我穿上的时装都美得不得了，你们的衣服能不大卖吗？"

■ 可以回答想更深入地接触这一行业

面试官喜欢有信心、乐观、阳光的人，所以求职者表明自己的信心会增加面试成功的机会。比如，被问到离职的原因时，有些人回答想更深入地接触这一行业，面试官在了解了他之前的工作不是很正规后，就会接受这个理由。

图书公司招聘编辑时，更喜欢招聘有经验的人。通过笔试的马晨在面试时说："我虽然没有经验，但我一直在学习，我非常喜欢看书，这个行业对我很有吸引力，我真的很想从事这个行业。"结果，他通过了面试。

■ 不重要的问题一句带过

面试官在刁难求职者时，会从求职者的话中找到突破口，进而刨根问底。所以，求职者对于不重要的话不要多说，以免造成更大的漏洞。比如，案例中陈鹏被问到"朋友升职，该怎么办"这个问题时，并没有具体说要和朋友怎么相处，而是说"保持恰当的关系"。

应对刁难的方法还有很多，总体而言，都有一个原则，就是在刁难面前表现自己对压力的承受能力、在压力前的应变能力和人际关系能力，把这些能力呈现给面试官，面试官就不会再刁难你了。

2. 上司交给你任务，把"我不会"改成"我可以学"

情景对话

闫志明是微信公众号的文案写手。这一天领导交给他一个棘手的任务，让他写一篇人物专访。可是，闫志明从来没有采访过，感觉很为难。

领导问他准备得怎么样。他回答说："这个任务我没有做过，我可能会出纰漏。但我想我可以学，不知道您能给我几天时间准备一下？"

领导说："这个采访是要预约的，我们已经约好三天后进行，你要是有困难尽管提。"

闫志明回答说："我先做一下计划，然后给您看一下，如果我有没想到的，还请您多多指导。"

分析

领导看重的是你的执行力，如果上司在安排任务时，你说"我试试吧""我不会""我不知道",领导肯定会认为你的执行力太差,还喜欢找借口。

领导最讨厌的就是员工找借口或者不做肯定的答复。如果员工没有肯定的答复,工作结果就无法保证。虽然很多人说"我试试吧"是因为确实很为难,并不是推卸责任,但是领导会认为这是对他安排任务的阻力,所以很多领导会对这种回答很不满意。

"我不会""我不知道"是一种拒绝,这种回答最让领导厌恶。如果员工的能力达不到,领导是不会把任务交给他的。领导将任务交给员工就是相信他能完成,所以这种回答是让领导难堪。当然,有的工作确实超过了员工的能力范围,但是领导无法找到更合适的人选。这时,你拒绝领导,领导肯定会生气地说:"那你让我来做吗?我那么多工作要做呢,你就不能承担一下?"

实战指南

领导安排了任务之后,情商低的人不会说话,会让领导讨厌,情商高的人会讲究交流的技巧,既要办好事,又要让领导重视自己。

■ 表明需要专人指导

员工如果真有不会的地方,也不要直接说"不会",而是要说明自己能做什么,不能做什么,这样领导也会心中有数。比如,领导安排员工主持会议,员工就可以说:"我以前没有主持过,我知道会议的流程，但是具体怎么主持还需要学习，不知道谁能指导我？"领导肯定会安排一个人来指导。

- 说明自己了解的情况

有时领导问员工问题，员工可能不知道，而直接答复"不知道"就显得老实过头了，这时员工要把自己知道的情况和不知道的情况都说明白，领导才不会生气。比如，领导想交给许亮一个任务，就问他车间里还有多少材料。许亮是操作间里的员工，并不太了解车间的情况，就回答说："前天我看过，我估计还能用一星期，我现在去给您看一眼。"领导就会认为把这个任务交给他，自己很放心。

- 和领导说一下大致思路

在接到任务后，你可以和领导说一下工作的大致思路，这样领导就能看出你的问题在哪里。如果任务很棘手，领导也能从你的思路中看出这个任务对你来说不合适，就会另找他人。

陈雷在接到领导分派的一项新设计任务后，指着图片问领导："这个工作我能做，我先说一下操作流程，您给指导一下，这样我就能避免出问题。"领导高兴地听完了他的思路，并给出了建议。

- 向领导问清楚在工作中需要注意什么

在接手任务时，要向领导问清楚工作中需要注意什么等问题。李虹接到一个管理软件后台的工作，她只是懂其中的一些功能，没有想到在维护的过程中会出现了问题。一般来说，关键的问题领导肯定会有所交代。而这时技术人员没在公司，给她急出了一身汗。领导知道后，批评她说："我当时交给你任务的时候，你应该跟我说需要技术人员的帮助，我和他们打好招呼就没这事了。你看看，这本来就是一件小事。"李虹在接手任务时，没有想到会出问题。到最后出了问题，她肯定脱不了干系。

总之，和领导对话要思考领导需要什么样的答复，而不是陈述自己的难处。因为工作都有难处，领导面对的难题更多，领导需要有人分忧，而不是给自己添堵。

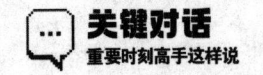

3. 领导问你有什么想法，这样回答让领导高看你一眼

情景对话

有一天，贺友彬在向领导汇报工作时，经理忽然提到近来客户对服务不及时不太满意，问他有什么看法和意见。

贺友彬回答说："咱们团队里每个人都在克服出现服务不及时的现象，不过每个人负责好几个客户，有时确实顾不过来。如果遇到有些客户不通情理的情况，我会考虑先为这些客户解决问题。把他们的情况记入日程表，提前给他们打电话询问好情况，并在平时多和他们沟通，让他们感觉服务很到位。如果他们临时出现问题，我们无法立即赶到，这样他们也不会有太大的意见了。"

分析

领导在问你有什么意见时，如果回答不好，就容易给自己挖坑；回答得巧妙，不仅可以避免职场危机，还可以受到领导的赏识。领导询问意见一般有几种情况：一是你出问题了，领导想看看你是什么情况；二是想调查一下同事的情况；三是想问问工作上的难点有没有解决办法；四是想了解你对薪资是否满意。其他情况还有很多，但都和人际关系、工作有关，所以你要提意见必须要讲究技巧。

实战指南

领导在问你有什么意见时，你不仅要帮同事说好话，替领导出主意，还要争取表现自己，具体的方法有以下几种。

■ 方法一：领导在年底问你意见，要感谢领导的栽培

在年终时，领导问你有什么意见，就是想问问你对工资、年终奖有什么要求，你可以先表达一下自己对公司、领导的感谢之意，然后再表明自己的想法。

例如，张成乙是这样回答的："咱公司挺好的，特别是有您的照顾，我感觉很有动力。有您的带领，咱部门的业绩今年提高了不少。我感觉来年我会多拿更多奖金，生活又有了新奔头。"

■ 方法二：领导在你转正时问你意见，要说我争取做得更好

在你转正的时候，领导问你意见是想了解了解你的情况，这时要展现自己积极的态度。

设计部李薇入职三个月该转正了,领导找她谈话。领导问她:"你入职三个月了,感觉工作怎么样?有什么意见尽管提。"李薇说:"我刚开始做这一行,很多时候都在麻烦您指导我,很感谢您的栽培。可能我上手比较慢吧,但我争取做得更好,争取每天都要有进步,我是非常希望能够转正,和公司一同成长的。"领导感觉她的交流能力还是不错的,态度也很积极,有上进心,所以就在她的转正评估上给予了高分。

■ 方法三:说说以前公司的问题

很多公司都存在一些类似的问题,如果你不方便直接说出问题根源,就可以借以前的公司委婉地回答。

崔经理想改变部门的组织架构,便找了几个员工征询意见。李佳炜回答说:"这个我暂时还看不出来哪个方案好。不过我上一家公司也有过类似的改变,但改变之后很难推行。因为上一家公司有忙季,业务繁忙的时候还会按照原来的组织架构工作。这种情况哪都有吧,所以我感觉还要看看实际情况。"最后,崔经理认同了他的想法。

■ 方法四:领导问对同事有什么意见,说说他的优点

如果领导问你对同事有什么意见,如果你不知道该怎么说时,你可以先说说他的优点。

陈经理为了了解基层情况,有时会询问员工互相之间有什么意见。王鑫回答说:"我认为咱们团队非常团结,有了紧急情况,都是

劲往一处使。像上次很多同事外派出去了，可是剩下的五个同事就把平时十个人的工作都完成了。这个离不开张主管的带队能力。在他的领导下，我们都看到了他人的一些优点，比如王诚就很吃苦耐劳，徐冰业务能力很强。要说意见嘛，我还真提不上来呀！"

4. 被上司批评，第一时间附和对方而不是辩解

情景对话

刘绍勋早上整理柜台的时候，把一瓶非常贵重的药品碰到地上摔碎了。

公司规定，药品损坏要及时上报。但还没等刘绍勋上报，领导就知道了这件事。领导劈头盖脸地训斥道："我跟你说过没有？犯错可以，但不能藏着掖着，犯了错赶紧向我报告呀！非要等我问你，你才说吗？"

刘绍勋低头附和道："是，是……"等到领导批评完，刘绍勋说："我没有第一时间汇报给您，确实是我的错，您批评得很对，给您添麻烦了，我保证不再犯这个错了。领导，您看这事这么解决可以吗？这是我犯的错，这个损失由我来赔偿。"

领导看到他的态度很好，气消了一半，又问他药品洒了怎么处理

的。他回答说："我没有及时汇报给您，就是在处理药品，因为这个药品有毒，所以我刚才一直在清理。"

领导听到后恍然大悟，关心地说："你没有沾上吧？我太心急了，没有问清楚事情原委就责骂了你一通。这事不用你负责任。"

分析

被领导批评是每个人都可能会遇到过的事。有人在被领导批评时，会反驳领导，这只会火上浇油；有人会推卸责任，虽然一时风平浪静，但领导如果查清真相，肯定会对他失去好感；还有人会辩解，这种行为也很让领导讨厌，因为工作出了错误是工作能力问题，而辩解是态度问题。领导批评人通常有以下5种情况。

第一，工作失误。这是领导批评人最常见的原因，这种情况肯定要先附和领导，表明自己认识到错误了，让领导看到你的态度。

第二，情绪不佳。领导也是人，肯定会有情绪。当他情绪不好时，你和他辩解是在激怒他。

第三，整顿纪律。有些雷厉风行的领导会批评很多人，但这些人可能并没有太大的错误。如果此时你和领导辩解，会让他认为整顿纪律的阻力很大，肯定会更加恼怒。

第四，杀鸡儆猴。有个公司规定中午到点才能出去吃饭，但有一天员工们没到点就出去吃饭了。张巡看大家都出去了，也没看时间，就跟着出去了。下午，领导狠狠地批评了张巡，对其他人只是简单说了两句。

第五，借机敲打。有时候你没有犯错，但是领导会批评你，他们的目的就是怕你骄傲或者想让你按他的意愿做事。这种情况更不能辩解，而是要认真听领导的话外音。

可见，领导的批评有时并不是针对某个人的，而且领导在批评人时会发现下属的闪光点和缺陷，如果你能让领导看到你的闪光点，你的前程将会更灿烂。

实战指南

因为领导的批评出发点不一样，所以应对领导的批评也会有多种方式，但是都要先附和他，让他看到你的态度。

■ **方法一：表示自己要尽力承担后果**

如果是工作失误被领导批评，在附和领导之后，可以向领导表示自己将尽一切努力承担后果。比如，你的报表出错了，你要和领导说自己会加班修改。这种回应方式一般可以打消领导的怒气，并认为你虽然工作能力有点问题，但是勇于承担责任。

■ **方法二：找领导揽活**

在领导情绪不佳时，向领导表示自己可以帮忙，会让领导高看你一眼。

孙宏宇因为接打电话被领导批评了一顿，但他知道领导并不是针对他，而是因为整理台账情绪不好。于是，他主动向领导说："接电话是我不对，您说得对。整理台账这种杂事您就交给我来做吧，我会尽快做好给您。"

■ 方法三：站好位

上司有时候批评员工，是为了让他们服从管理，从而增加团队的凝聚力和战斗力，所以这时候站好位很关键。

当你作为一个新人员工进入一家公司时，可能会有和个别能力强但不太服从管理的老员工因为工作原因走得比较近。有时，公司领导会担心你被带得不服从管理，并借机批评你时，你可以这样回答："请领导放心，我是认真地向他学习工作经验和本领，当然我也一定会团结同事服从管理，为提高我们的整个团队的业绩作出自己的贡献的。"

5. 同事向你借钱，如何接话不伤关系

情景对话

同事宋朴找到甄福磊，寒暄了几句，就表露了自己想要借钱的意思。

甄福磊一听要借钱，立即竖起了耳朵，问道："你需要钱做什么呀？"

宋朴说道："我岳父想要买辆拖拉机。你也知道，我岳父在农村种菜，从地里往回运东西没车太费劲了。"

甄福磊听完，点头称赞道："这是好事呀，做女婿的是该孝敬岳父。岳父岳母高兴了，家庭就更加和睦了。你看我每个月都得给我岳父家送点礼，逢年过节更是。我媳妇见我这么孝顺，平时很少查我私房钱。所以，我有点闲钱就吃吃喝喝，让老人高兴也得让自己高兴不是？不过话说回来，给媳妇钱容易，可跟媳妇要钱是真难

哪！这话也就和你悄悄说，可别让你嫂子听到，不然我就没钱请你们吃饭了。"

宋朴刚开始听着很高兴，越往后听，越感觉借钱没戏，最后只能就此作罢。

分析

人们大多不肯借别人钱。因为借出去的钱就像泼出去的水，想要收回来实在太难。虽然很多人不想借给别人钱，但是对方一旦开口，"债权人"反而落了下风：借吧，明知道对方不还；不借吧，自己又没有托词，强硬拒绝还伤了彼此的关系，你说难受不难受。

如果借款方"业务熟练"，你想不借都难。他会和你说："我要投资一笔生意，已经筹集了十多万了，现在还差个五六万，你能不能借我个一两万。借我钱的都是我的股东，将来给你们分红，还给你们利息。要是做大了，双倍奉还都没问题。"面对这种人，你只有惊得张大嘴的份。借吧，没有那么多钱；不借吧，自己没面子，所以很多人只有"砍价"的份儿："我借你一千吧？不然，我再加点，两千！再多就真拿不出来了。"借款方拿了钱还在手里掂了掂嫌少。

网络时代，微信成了借钱的好渠道。有些人不好意思当面借钱，就在微信上发个消息借钱。你如果看见不回，第二天上班面对借款方不免要解释一番，但还是逃不了借钱的话题。你如果回一个"不借"，关系直接破裂。可你要是说："有钱的时候败家，没钱的时候拜神。"自己感觉挺有文采，借钱的人看了岂不知这是画饼充饥？你们的同事关系恐怕比直接拒绝还糟糕。

有人拒绝的方式高级一点，会说家里也要用钱，理由不外乎亲戚病重、孩子上学要钱。但这也是变相的哭穷。这种方式更不好的一点是，为了不借给别人钱说自己亲戚有病，这种借口同事岂能看不出来，他们又不傻。如果你处在一个复杂的职场，他们还可能在背后议论你、孤立你。

实战指南

借钱在哪里都会发生，而职场中的人更不能小瞧这种事。俗话说："救急不救穷。"同事有急事需要用钱，而且很快会还，也不必拒绝。但是，对方借的钱实在太多，而且无法保证按期归还的，就要设法拒绝。拒绝得有理也有礼，对方才能继续和你保持关系。

■ **方法一：同事说要买房，和他"统一战线"，说自己也在还房贷**

很多同事之间借钱，不外乎买房、买车等理由，这些都是大开销，借的钱数目可不小，你要拒绝，就让对方看到你也在为钱发愁。比如，有同事要买房，他和你借钱，你就可以抱怨当下的房价，先引起他的认同，然后说你也在贷款买房，每个月还房贷的压力也很大。同事知道你的压力后，自然就不再问你借钱。

■ 方法二：同事说要借钱给媳妇买礼物，和他说自己也是妻管严

有的同事没钱还爱玩浪漫，过节想给媳妇送金项链，但是钱都在媳妇手里。面对这种人，你也可以说自己是妻管严，虽然有点私房钱，但并不多。人们都知道女人在家管钱，你有这种情况也很正常。

■ 方法三：同事说要借钱投资，和他聊你们之间的关系

有些同事不安分，不满足于上班挣的钱，总想二次创业，但他们能不能赚回本钱都是问题。如果他们向你借钱，你就可以聊聊你们的关系。你可以幽默地说："你要去哪创业？你这一走，我就只能和寂寞做伴了。你需不需要人手？我觉得创业有风险，资金说没就没，但是人手不一样。"一般来说，想要创业的人都会有计划，他如果想叫你一起创业，就会聊计划，但是只想借钱的人没有计划，你自然有了不借的理由。

借钱，是一场拉锯战。如果你面对他们不够坚决，他们就会逼你让步。如果你很绝情，你们之间的同事关系就此结束，所以你想不伤关系，还真得要在话术上胜人一筹。

6. 客户各种借口托词拒绝，销售高手教你怎么接应

情景对话

韩雪锋是房屋销售。有一次，他带客户看完房后，客户感觉价格太贵了。韩雪锋问道："您在哪儿上班呀？您来这边买房是想离家近点吗？"

客户说不是为了上班方便，而是这边有重点中学，为了以后孩子上学方便。

韩雪锋通过询问得知，客户每年在教育上都会投入很大一笔钱。于是，他便说起了附近的情况："这边不仅有重点中学，附近的补习班也很多，而且很多名师就在这边住。据我所知，我们这个小区里就有三位重点中学的老师。您孩子每次上补习班都会花不少路费吧？如果您买了这里的房子，起码省了不少路费和时间。如果孩子遇到难题，找老师询问也很方便。"

客户被说得心动不已。

分析

在销售人员给客户介绍产品时,往往是自己说得口干舌燥,而客户却很不耐烦,经常会用各种理由拒绝,很多销售都体验过这种挫败感。可以说,就算是销售高手,也会遇到很不顺利的销售过程,最难过的就是客户拒绝这一关。

客户会有很多拒绝的理由,看似有很多不满意,不想购买,如果销售不清楚客户拒绝背后的潜台词,那么就无法正确应对,更无法达成交易了。所以,聪明的销售人员会思考拒绝背后的真实原因,想办法消除客户的戒备心理。客户常见的拒绝理由有"太贵了""我很忙""再考虑考虑""要商量一下""已经有了供应商"等。

理由一:"太贵了"。这是最常见的拒绝理由,客户在说这句话的时候,证明他们有这种需求,但是对价格不满意。这时,有的销售会反驳客户,这只能让客户更加反感;有的销售会说"不打折""全国统一价",很多客户会离开。聪明的销售明白,遇到这类客户就不要先谈价格,可以聊聊他的需求,让他看到这个价格其实很实惠。

理由二:"我很忙"。很多电话销售都遇到过这个拒绝理由,这只是客户的托词,他们是不想被销售纠缠。可有些销售会问:"您现在忙什么呢?"这本来是客户的拒绝理由,他们当然没有很忙的事,但这样一问就激起了客户的情绪,他们更不想听下去了。

理由三:"我再考虑考虑"。有些销售把这种托词当成了顾虑,以为客户真有疑问,就会问客户要考虑什么,其实客户没有要考虑的问题,这样一问更会促使他们赶紧离开。

理由四:"要商量一下""我决定不了"。客户在说这种理由时,有可能是他真的不能决定,也有可能是他找的借口。如果销售认为这种理由是真的,就很难再沟通了;如果认为是假的,那么真的不能自己决定的客户反而对你很反感。可是,有些销售会充满质疑地问客户能做决定的是谁,这让客户产生了不被信任的感觉,无论他们的理由是真是假,他们都对你没有好印象了。

理由五:"我们公司有供应商了"。这种理由很可能是拒绝的托词。但无论客户是否真的有供应商,销售都不要气馁,就算客户真的有供应商,他们的产品也不可能完全满足客户的需求。所以,销售要尽量介绍自己产品的优势。

实战指南

销售要想卖出产品,首先要和客户谈得拢。而想要和客户深入交流,了解他们的需求,就要识破他们的托词,但是又不能拆穿他们。

■ 方法一:客户说"太贵了"

如果客户说价格太贵了,销售可以引导他说出对产品的需求,然后根据他的需求让他看到购买你的产品其实是占了便宜;也可以询问对方能接受的价格是多少,然后向客户介绍他能接受的产品；销售最好不要在客户对价格不满意时就表明可以打折，这样客户会看到讨价还价的空间很大，销售可以说明现在购买有礼品赠送。

例如，有个客户对某个产品的单价不太满意，认为"太贵了"。销售可以说明这款产品单价是很高，可是如果客户购买很多的话，价格就会很划算，客户询问过具体价格后感觉确实实惠多了。

■ **方法二：客户说"我很忙"**

如果客户说"我很忙"，销售可以和客户约好只聊几分钟或者和客户约好什么时间再来细聊，至少也要给客户留下名片，总之，要让客户能记起你，要引起他们的兴趣，给以后再次造访留下机会。

有个软件销售人员到一家企业见部门领导，但这个领导却显得很不耐烦。销售说："请您给我两分钟，时间一到我就走。我就说一下我们产品的功能。"在获得领导的准许后，这位销售简要说明了软件的优点，并说明了能解决公司的什么问题。这位领导听完后很感兴趣，但因为当时有事，就和销售约好下午再谈。

■ **方法三：客户说要考虑一下**

客户说要考虑一下，销售可以询问对方要考虑的具体因素，这种方式比较适合客户有购买打算的情况。如果客户根本不想购买，这种方式就不适合。有些客户有拖延的习惯，这时销售可以告诉客户现在购买有优惠，或者让他看到"最后期限"，拖下去对他没有好处。

　　有个销售和客户谈了一个月，这个客户总说要考虑考虑。这位销售最后找到客户，说最近得到消息，生产部要停工了。如果现在不生产，那以后再下单就来不及了，而且就算现在下单，中间的流程也很复杂。这位客户听完，就和销售签订了合同。

　　客户拒绝的理由非常多，销售针对不同的拒绝理由有不同的办法，比如在客户表现出对产品很在行时，要顺从他们的话，鼓励他们说完；如果客户对产品有抱怨的情绪，要让他们发泄出来。销售都明白，没有一场好谈的生意，客户拒绝并不是他们没有购买的需求，正确地接应他们的拒绝才有生钱之道。

7. 领导安排工作,如何回复才显高情商

情景对话

对话1

老板:"明天有什么行程安排?"

员工:"明天去市场。"

老板:"你都安排好了吧?"

员工:"嗯。"

老板:"和领导和客户都不要回复'嗯',这是基本的礼仪,我讲过的。有可能你的一个细节就会损失一张订单或一个客户,明白吗?"

对话2

老板:"通知你们部门的人,下午要开一次短会,总结一下上个

月的生产情况,到时候我会出席。"

员工:"好的,老板。我马上准备资料,会议时间定在下午四点,您那边方便吗?"

老板:"可以,按时举行就可以了。"

员工:"好的,我马上通知部门员工按时参加会议,三点之前我会准备好会议所用材料,打印之后交给您。"

分析

在职场中,沟通的礼仪很重要。生活中不在意沟通的礼仪,说错话、用错词不会被他人排斥,因为朋友和家人会对你有足够的包容。然而,职场中却没有这么多试错的机会。

之前,一个上班族的吐槽登上了微博热搜榜。网友表示自己只是在与老板沟通时回复了一个"嗯",就被老板狠狠地教育了一顿,感到非常委屈。

简单地回复一个字,既无法令对方正确理解你传递的内容和情绪,还会产生怠慢对方的嫌疑。也许老板是站在一个客户角度来观察这件事情,没有谁喜欢与冷冰冰的人沟通。很多人都表示当与别人在微信中沟通时,如果对方只是回复一个"嗯"时,他们基本上不会有再沟通下去的欲望。

心理学家认为,当网络媒体作为沟通媒介时,通常是用文字来传递信息的。在无法捕捉对方表情、语气等情绪时,缺乏对回复内容的真正含义进行判断，对其的解读也只是停留在个人的主观猜想上。而一旦对方将回复内容解读为负面消息，如果没有出现打破这一猜想的证据，就会被认定此信息对自己有嘲笑、批判等意味。于是，沟通就很难进行下去。现实生活中也是如此。

网络流行语和表情包逐渐成为人与人之间沟通的主体，但对于不理解这些词汇或图片含义的人，在沟通中会很累，也将逐渐丧失沟通的兴趣，比如，"nsdd"（你说的对）、"xswl"（笑死我了）等。另外，表情包或表情的使用也会产生歧义。微笑表情逐渐演变出一种新的含义，表面上是微笑，背后可能是嘲讽。同时，表情包也会给对方一种随意、不严肃的感觉。

在职场中，我们免不了与同事和领导进行沟通。学会高情商的回复技巧，能够使彼此之间的沟通变得更加顺畅。

实战指南

当领导为我们安排工作时，我们如何回复才能避免沟通陷入僵局？

- **回复带有感情的词汇**

老板经常通过面对面交流或私信沟通为我们布置任务。无论他使用哪种方式，我们都不可回复"嗯""哦"等不带任何感情的词汇。使用"好的""收到"等词汇表达信息的接收，同时及时考虑到老板可能问的问题，做出适当具体的回复，将自己的态度、积极性展

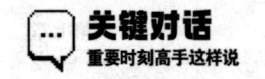

现出来。

比如，对话2中的对话就是一种很棒的回复。

■ 控制情绪，不当面反驳

在工作中，受委屈是常有的事。当老板突然交给你一些紧急的工作，而你手中还有一堆尚未完成的任务时，很多人会心生不满情绪、立即反驳或推脱任务，但这种做法会影响你在领导心目中的形象。此时，你要先控制好自己的情绪，回复中不能带有负面情绪。如果是会议中出现的工作安排，你可能要等到会议结束后再单独找领导反映情况。

比如，"领导，之前的项目还有很多事务要处理，再加上这个新的项目确实有些吃力，你看这个任务是不是让其他同事帮帮忙？"

■ 抓住重点，不说废话

当我们与领导谈论所布置的任务时，需要就考虑的事情罗列清楚，尽量多谈实质性的东西，不要说一些没有价值的废话，更不要打断对方的讲话。

人与人之间的沟通，最重要的还是基于有效的沟通。无论是现实还是网络中，不要使用容易令对方产生猜疑的词汇，维持沟通中信息传递的直观性，保持沟通的顺畅。

第八章

6个万能句式，关键时刻教你秒变沟通达人

> **关键对话**
> 重要时刻高手这样说

1. "有道理"——赞同语式才能把话题聊开

情景对话

"你进入公司短短两年的时间就当上了店长,真是太厉害了。"

"谢谢您的夸奖。虽然成功地当上了店长,但内部的问题还是不少,在这次年度评定中我管理的店是几十家连锁店中效益最差的。"

"这样啊,不过跌到谷底也不是什么坏事,反正现在已经是最糟糕的情况了,之后就只有进步的空间了。"

"有道理,换个角度想一想心里会好受一些。"

"我有一点小建议,不知道您能不能接受?"

"请您指教。"

……

分析

总有人喜欢习惯性地否定对方。你一开口，他就说："不对，不对。"让你尴尬得一心想逃走。

比如，你说："我小的时候养过一只小兔子，还和兔子抢胡萝卜吃，我以为吃胡萝卜可以变白，哈哈。"

他说："吃胡萝卜变白？根本没有科学依据。"

你解释说："那不是小时候天真嘛，总有一些稀奇古怪的想法。"

你回答说："那不是天真，是笨，是不懂得科学道理。"

在语言上压倒别人是彼此之间和谐沟通的"杀手"。如果你能够肯定对方、附和对方，就能无意间拉近自己和对方的心理距离，有利于更进一步的交流。当你说自己养过一只兔子时，对方回应说："真羡慕你，我小时候也想养一只，可惜妈妈不让，养兔子一定很有意思吧？"那么，话题就会被打开。

美国得克萨斯大学教授乔纳森研究表明，如果对方的意见与自己的一致的话，人们就会认为对方的观点是正确的，这种现象被称为"一致效果"。在这种效果的作用下，一个人很容易增强对对方的信任感，也就乐意与对方交流。

无论你说什么样的话，只要不曾与对方站在同一立场上，多多少少会扫对方的兴致，更不要提直接反驳或否定了。就常理而言，一个人一般不愿对不认同自己观点的人敞开心扉，甚至会反感对方，有意识地疏远对方。相反，当一个人的意见能够得到对方的肯定，他就更愿意与之交流。

对沟通而言，我们的回应要多附和与肯定，是对沟通对象的一种鼓励，哪怕只是简单的点头或眼神赞同，都能提高对方的交流兴致。

实战指南

那么，如何抓住赞同的要点，使彼此之间的沟通更加和谐呢？

- 切忌用词苍白

"对""是""好"是我们赞同对方时常用的词汇。当我们合理地运用这些词汇进行附和或赞同时，能够使对方感到一种畅所欲言的沟通氛围。但我们也要注意不能连续重复使用同一个词汇，即使你很认真地做出反馈，也会令对方认为你对他所说的话不感兴趣，你的反馈只是在敷衍，在搪塞。

比如，"你看我新买的裙子怎么样，好不好看？""好看。""但是，我觉得颜色有点暗，而且材质一般，穿在身上不怎么舒服。""确实是。""如果有别的颜色和款式就好了。""说得对。"

如果我们使用带有情感色彩的词汇赞同或附和，能够使沟通告别僵硬，营造融洽的沟通氛围。像"有道理""真的是这样""这样真的不错"等，能够达到更好的效果。

比如，"你看我新买的裙子怎么样？""真的很不错，气质一下就衬托出来了，果然好身材才能穿出这种感觉，我都开始嫉妒你了。"

■ 引导对方

在沟通中,引导对方说出更多的观点,也是某种程度上的赞同。以一种虚心求教的姿态表示自己对对方观点的认同或好奇。

比如,当对方的观点与你不一致时,你可以回应说"原来如此""是这样啊"等具有恍然大悟含义的话,对对方的观点给予足够的尊重,同时表达出自己既不支持也不反对的态度。

如果你希望和对方继续交流下去,你可以以"接下来呢""然后呢"等带有疑问性质的话,表示对对方观点感兴趣,希望对方能够继续说下去。

■ 赞同的方式

当你在表达对对方的赞同时,可以针对各种情况做出不同的反应。比如,如果对方向你表述了自己的某个观点,你可以使用"你的想法很好""这种方式很适合""你的方案对我很有帮助"等表示直接赞同的话,鼓励对方继续沟通下去。

如果对方向你讲述了自己某些不幸的遭遇,你可以使用"我很遗憾""我非常理解你的心情"来对他的经历表示同情,对他的情绪表示认同。这种附和在某种意义上能够起到安抚对方的作用,使对方的情绪稳定下来,维持彼此之间的沟通。

如果对方的想法与你背道而驰,你无法从内心认同对方,你可以使用"你的想法很特别""你的思路很新颖"等进行附和,表示你存在不同的意见，不但不会令对方产生挫败感，还能使对方感到你对他的尊重和重视。

任何时候，赞同是沟通中的一味良药，对促进彼此之间交流、维持沟通气氛有着不容忽视的作用。当你不知道如何接对方的话时，不妨使用赞同的方式，打开双方的话题。

2. "我觉得你很像猫"——先说结论,成功激发对方的好奇心

情景对话

男孩:"跟你说,我发现了一个重大的秘密。"

女孩:"什么秘密?"

男孩:"我感觉你像一个名人,不知道有没有人和你提起过。"

女孩:"啊?真的吗?谁啊?"

男孩:"王小波,你认识吗?"

女孩:"我认识啊,他是一名作家。不过他是一个男的啊。"

男孩:"我说的是一种纯真、顽皮、不落尘俗的气质。"

女孩:"哈哈,你这评价也太高了吧!"

> **关键对话**
> 重要时刻高手这样说

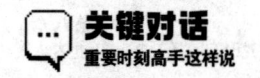

分析

好奇心是人类与生俱来的天性，是对未知事物有强烈探知的欲望。在沟通中，卖个关子能够吸引对方的注意力。所谓卖关子，就是制造悬念，吊人胃口。最简单的卖关子像"你猜咋回事""后来可是真没想到"。在你们的对话平铺直叙，渐渐平淡的时候，卖个关子，就可以让对方重新提起兴趣，哪怕结果并不是很意外，也足以勾起对方的好奇心。

如果说话时不按套路出牌，就更能让对方感到惊喜了。其实有些小说内容十分一般，但是经过作者加工之后就变得波澜起伏，这就是打破常理、推陈出新的效果。很多人一张嘴就是常规化语言，比如天气不错，也只会说："天气真好。""蓝天白云，心情都变美丽了。"最多也只是用几个修辞，在别人听来，没有太多的意义。

想要让对方猜不到你要说什么，从而勾起好奇心的方法有很多，可以将两种毫无关系的东西建立关系，也可以欲扬先抑，还可以反其道而行之，出其不意，让对方想不到你会这么回答。

这就是所谓的钓鱼法则，我们要像钓鱼一样勾起对方的好奇心。心理学中讲："好奇心是个体遇到新奇事物或处在新的外界条件下所产生的注意、操作、提问的心理倾向。"人都是有好奇心的，如果我们在与对方沟通时引起对方的好奇心，引导对方向你提问，那么我们就能让话题一直进行下去。

实战指南

那么,我们应该如何使用钓鱼法则勾起对方的好奇心呢?

- 给结论

首先,我们要先给出自己的结论:"我觉得你很像一只猫。"对方一定会产生疑惑,进而激发自身的好奇,想要一探究竟,"你为什么这么说"。

- 卖关子

然后,我们可以卖一个关子:"哈哈,说了你不许打我。"以此来加大对方的好奇力度。对方会说:"不打你,你不说我可就真的要打你了。"

- 解释原因

最后,给出自己得出结论的原因,释放对方的好奇:"因为你表面看起来很乖,但内心有坚定的想法,你会去追求自己喜欢的东西,不会在意眼前轻而易举能得到的东西。"

- 适当幽默

当你解释后,对方笑答:"哈哈,这么厉害,你是我肚子里的蛔虫吗?"

你可以适当幽默一下:"不,不,这是我算命30年经验积累出来的第六感。"

不过要注意的是,使用钓鱼法则时,一定要组织好接下来的话,注意沟通的走势,避免虎头蛇尾。

3. "新发型很适合你啊"——每个人都期望被关注

情景对话

思文的同事穿着新套装来上班，询问思文的意见。思文认为整体效果不错，但仔细观察了一下，对同事说："如果你把头发盘起来会显得更加高贵。"

同事听完之后，马上到洗手间将头发盘了起来，对着镜子照了很长时间。出来之后，同事迫不及待地问："怎么样，好看吗？"

思文满意地点点头，回答说："嗯，效果不错。"

其他同事也纷纷夸赞同事的整体造型好看。这位同事非常感谢思文的意见，自此，她们之间建立起了深厚的友谊。

分析

每个人心中都有渴望被关注的感觉，就像很多人在朋友圈分享

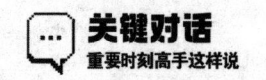

自己的生活感受和照片一样，即使这些内容与别人没有丝毫关系，一旦朋友圈出现新的消息，他们立刻就会查看收到的信息。这种点赞或评价让人从心理上感觉被人看见和关注，即使别人从来没有点开内容仔细浏览，也毫无影响。

在生活和工作中，听到有人说自己"胖了"或"瘦了"，你是否觉得这些问候很亲切？能够指出你的形象的细微变化，至少说明他是用心观察你的人，也代表你在他心目中的地位。人们对于自己不感兴趣的人，是不会用心去注意他的变化的。

如果我们在沟通中能够抓住这一点，巧妙地让对方感受到我们的关注，对方一定会被我们的真诚所打动。事实上，让对方感受到我们的关注并不难，只要我们通过某些方式将我们的关注不经意间流露出来即可。比如，再次见面时喊出对方的名字，沟通中讲出对方的兴趣爱好等，一定会令对方大吃一惊，从而产生与我们沟通的欲望。

其中，指出对方的细节变化对促进彼此之间的关系有着明显的效果。因为这种常人所忽视的点更能体现我们对对方观察的细致入微。对沟通而言，也更容易打开话题。比如，酒店的服务员和一位回头客问道："您最近怎么样？"对方回答："挺好的。"这时，沟通就会陷入冷场。如果服务员能发现对方与上次入住时不一样的地方，夸赞对方的变化，就会令客人感觉你一直关注着他，给他一种真诚的感受。

假如这位客人剪了一个短发，你就可以说："王小姐，您剪短发了啊?我记得您以前是长头发的,差点没认出来。短发也很好看,很适合您,感觉很精神,很有活力。"这样不仅能够快速打开对方的话题,还能有效增加对方的归属感,令对方心情大好。

所以,当你想要与某个人进行良好的沟通时,关注对方的细节变化无疑是最为有效的方法。如果在沟通中你能够多展示一份对他人的关注,那无疑会营造一个和谐的沟通氛围。

实战指南

想要更快地与对方打开话题,我们应该如何在沟通中表现出自己对对方的关注呢?

- **喊出对方的名字**

名字是一个人的标志。能够一次记住他人的名字,并且在下次见面时脱口而出,会让对方觉得你在乎他,感受到你对他的关注,令他得到心灵上的满足,进而对你产生一种亲切的感觉。尤其是在彼此不熟悉的情况下,如果你能够叫出对方的名字,对彼此之间的沟通是有很大帮助的。

- **关注对方细节的变化**

在沟通中,想要令对方提升对自己的好感,需要我们关注对方细节的变化,摆出"我已经注意你很久了"的姿态。因为你的关注,你才能发现同事戴了新的领带,朋友换了新的发卡等。指出对方与往日不同的变化，越是细微，不容易被发现的变化，产生的效果越明显。

当对方能够感受到你的细心与关怀，就能够拉近彼此之间的距离，使沟通变得更融洽。比如，当你的朋友换了一条新领带，你可以说："这条领带挺好的，你从哪里买的？"

■ 及时赞美

在人与人之间的沟通中，巧妙的赞美是拉近两个人距离的敲门砖。当你发现并指出对方的变化之余，不要吝啬你的赞美，及时进行赞美会令这种沟通的表达技巧如虎添翼。

比如，"你新换的这条领带真不错，和你这身西装特别搭，一下子就显出你的气质了。"

总而言之，当我们在沟通之初，发现并赞美对方出现的细微变化，会令对方感受到我们的关注，从而促进彼此之间的沟通。

4. "相信你自己的眼光"——用鼓励点燃对方内心的欲望

情景对话

"我第一次送女孩子礼物,送她一条围巾是不是不太妥当,显得我不够真诚?"

"怎么会?我觉得你很用心啊,围巾代表着温暖。"

"我担心档次不够啊。"

"一般来说,女孩更在意你是否关心她,礼物的价值不在于价格,而是你的一份心意,况且刚开始交往就送对方比较昂贵的礼物显得有些轻浮。"

"那我第一次先送这个,以后再考虑其他合适的礼物?"

"相信你自己的眼光!看看外面有多冷,你的礼物就有多走心。"

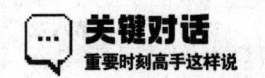

"听你这么说，我就有信心多了。"

……

分析

当对方表达出不自信、着急、失望，甚至绝望无助的时候，如果你顺着对方的情绪继续沟通，只能加重对方的负面情绪，以至于聊不下去，坠入尬聊的深渊。

以上面的对话为例，对方担心自己第一次送女孩的礼物太过普通，显得不够真诚。你回答说："好像是有点吧。不过我没有送过，也不太懂。"这样只会让对方对自己选取的礼物更加没有自信。你的话会让他陷入选礼物的焦虑，哪还有心思跟你聊天？相反，鼓励的话会给对方带来信心与力量，让他内心明朗。

《红楼梦》中，刘姥姥曾三进大观园。临走时，贾府送给她很多东西，平儿向她一一交代，刘姥姥万分感谢。平儿回答说："休说外话，咱们都是自己人，我才这样。你放心收了罢，我还和你要东西呢，到年下，你只把你们晒的那个灰条菜干子和豇豆、扁豆、茄子、葫芦条儿各样干菜带些来，我们这里上上下下都爱吃……"

寥寥几句话，看似在与刘姥姥要东西，实际上表示了对乡下小菜的认可，同样也是对刘姥姥的认可，并未嫌弃她的粗鄙、小菜的简陋，让她接受得心安理得。

鼓励对方，满足对方的被认可欲是一种人与人之间的沟通技巧。比如，在工作中你对身边的同事说："小李，帮我把PPT做一下。"这种极具命令性的直白口吻一般会受到对方本能的排斥。如果你换一种方式，肯定对方的能力，对其某一方面的闪光点予以赞美。当对方渴望被认可的心理需求得到满足时，一般被说服的概率会很高。以上的话我们可以这样说："小李，那天你做的PPT真不错，老板在会上还特意提了一句。你有没有时间，再帮我做一份，下午开会的时候用。"

期待被认可是人们与生俱来的需求，区别在于表现得明显或者隐晦。如果你能够在沟通中表现出对对方的认可与鼓励，会使彼此之间的沟通变得更加和谐。

实战指南

鼓励会给人勇气和自信去克服内心的胆怯。被鼓励的人内心会充满力量，不仅有信心去争取自己想要的东西，同时也会变得健谈，更加敢于表达自己。聊天中，试着多多鼓励对方吧。

■ 认可对方的言行

沟通中，当对方表达某种观点或某种行为时，我们可以通过言语上的认同，并辅以点头等肢体动作，让对方更自然地感受到这份来自潜意识中的肯定，点燃对方沟通的欲望。

比如，"你的看法很周全，对这件事的解决很有帮助，我们就这么办。""你做得很对，没必要自责，这种事情作为一个外人，你已经做得很好了。"

■ 给予对方优越感

当我们与他人沟通时，不妨顺应他人的心理，给予对方足够的优越感，让对方掌握话语主动权，感受你的尊重，会使双方的沟通如鱼得水。

比如，对方说："我们平时比较在乎着装。"你可以接话说："嗯，从您的这身衣服上我就看出来了。"

■ 看对方的状态鼓励

鼓励也要看准时机，根据对方的状态选择不同的方式。当对方心情不佳、封闭自我时，你即使说得再温柔，也会让对方感到刺耳，倒不如站在一旁静静地陪伴着对方，尽到一个朋友的义务。等对方情绪趋于稳定的时候，再进行言语上的鼓励才会更有效果。

■ 鼓励的话要简短有力

朋友之间的鼓励，重在心意，没必要长篇大论、滔滔不绝。有时，哪怕只是一个眼神，一句简单的"加油"，都能够给对方注入莫大的力量和勇气，帮他渡过难关。太过啰唆的鼓励，会浪费自己的用心，带有说教的嫌疑，令对方产生反感。

在沟通中，用鼓励点燃对方的欲望，能够使对方更乐意交流。当我们在沟通中给对方的正面回应多一些时，不断满足对方的被认可欲，在给予鼓励、收获好感之间，彼此之间的沟通也会变得越来越融洽。

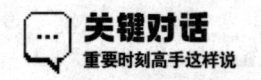

5. "怪不得总听别人夸你"——不露痕迹的恭维才高明

> 情景对话

对话1

有一位官员要去外地做官,离开京城之前,他去向老师辞行。

老师叮嘱说:"外面的官也不好做,为人处世更应该谨慎些。"

他回答说:"老师,您就放心吧,我准备了100顶'高帽',见人就送给他一顶,应该不会和别人相处得太差。"

他的老师自视清高,看不起阿谀奉承的人,因此指责他说:"我们做官,就应该以正直的方式对待其他人,为别人做事,哪有像你这样的?"

他一脸恭敬地说:"是啊,这个道理我明白。可是天下像您这样不喜欢戴高帽的人,又有几个呢?"

老师听完点了点头，说道："你的话也不是没有道理。"

> 对话2

李怀的公司里来了一位新同事。新同事上课时，李怀和几位同事去旁听。听完课之后，一位同事说道："这位新同事真是太让人意外了，我听他讲课从头到尾，竟然没有一点虚的东西，讲的都是干货。"

新同事走过来想要询问一下同事的意见，李怀说："刚才他一听完你的课出来就说了，你的课让他很意外，从头到尾都是特别实用的东西。"

新同事笑了笑，郑重地向李怀道了声谢。

分析

在人与人之间的沟通中，巧妙的赞美是拉近两个人距离的最佳方法。作家郑渊洁说过："人性的本质是渴望欣赏。"对沟通而言，赞美是对一个人的鼓励，对营造良好的沟通氛围有着不容忽视的作用。

当然，赞美也是有技巧的。适度的赞美会让别人对你产生好感。将赞美的话说得恰到好处，既能让对方欣然接受，还能赢得他人的好感，达到促进沟通的目的。但过度的赞美会给人一种谄媚的感觉，这种感觉会引起对方的厌烦情绪。比如，当你和几位朋友去KTV唱歌，你对其中一位朋友说："你的歌声是全世界最好听的。"这种赞美之词只会让双方都陷入尴尬，最终适得其反。所以，赞美之词不能乱用。古人所说的"过犹不及"不是没有道理的。

赞美作为一种促进沟通的手段，一定要发自内心，表达出真诚，实事求是，不画蛇添足。当你准确地用善意优美的辞藻，自然地将他的优点赞美一番，既能让在场的人引起共鸣，也会让别人感到心安理得，不至于尴尬。

实战指南

赞美可以使沟通更加舒服，那我们应该如何将赞美融入沟通之中，做到"润物细无声"呢？

- **含糊的赞美**

含糊的赞美指的是不用明确地指出赞美的点。开门见山的赞美，容易给人留下油嘴滑舌的印象。所以，避免那种直白的赞美，换一种表达方式能够使人更容易接受。

比如，对方今天穿得很漂亮。如果你直接称赞对方"你今天真漂亮"，难免存在博人眼球的嫌疑。如果你说"你今天的衣服很适合你啊，跟你的气质很搭"，就能够大大降低太过直白的赞美带给对方的不适感觉。或者说"我感觉你今天好像和以前有点不一样"，这是一种极其隐晦的赞美方式，通过肢体或表面的辅助，达到赞美对方的效果。

■ 借用"第三者"夸赞别人

所谓第三者,指的就是借他人之口或其他事物,从另一个角度,通过对身边的事物夸赞而联系到对方身上,达到"借力打力"的效果。

比如,你打算夸赞一个人优秀,可以借他人之口:"怪不得总是听别人夸奖你";可以借助他人:"你的父母真会培养孩子";可以借助和对方有关的物品,通过夸赞对方的物品、作品、成就等,从而让他知道你在夸他:"这本书写得真好,我想象不出是怎样构思出来的"。

莎士比亚曾说:"赞美是照在别人身上的阳光,没有阳光我们就不能生长。"在沟通时多赞美别人,能够促进彼此之间的交流。当然,在赞美对方的时候,不露痕迹地赞美才会使对方乐意去享受赞美。

6. "你看，我比你还惨"——世界上最好的安慰

情景对话

晓兰："大学毕业快三年了，现在还没有找到对象。过年的时候，亲戚们都在催我，还给我介绍了十几个对象，挨个见面，烦死了。"

莉娜："虽然我没被催过婚，但是我理解你的感受，我现在天天被催着生孩子，我们二人世界还没有过够呢，最烦这些长辈瞎操心。"

曼琳："哎，感觉我也比你们也好不到哪里去。我现在正在被七大姑八大姨催生二胎呢，刚熬过了三年，把孩子送进了幼儿园。再说，房贷、车贷还没有还完，如果再生二胎，想想都崩溃。"

正值春节，三个人的话题又转到了过年回家。

晓兰："别提了，就这几天假期，一点自由的时间都没有，每天都在相亲，自我介绍都说了不下十遍了。"

莉娜："我也是，一直没停，上午走一家亲戚，下午走一家亲戚，笑得脸都要僵住了，还得听着对方劝我生二胎。"

曼琳："你们已经很不错了，还能出门活动活动，我哪儿也去不了，我老公家里排行老大。同辈的亲戚会来我家里走动，朋友也会带着孩子来我家。我就在家看着孩子，孩子凑在一起，一会儿抢东西，一会儿打架，打不过就哭，我都快疯了。"

分析

当一个人感到不幸的时候，会本能地注意到别人所拥有的同样糟糕的经历。一项研究证明："人在遭遇失败或痛苦的时候，会产生更多被验证的渴望，即我不是唯一一个不幸的人。若身边的人都对生活比较满意，都拥有较多幸福体验的话，人的被验证渴望不能得到满足，就会体验到更沉重的痛苦感受。"这也就可以说，当出现与其具有类似不幸的人时，他的渴望就会得到满足。

而且，相比能够激起嫉妒和不满的炫耀，比惨更容易引起共鸣。当有人说"上个月刚买了一个LV的包，昨天老公又送了我一个普拉达的手提包，我本来只想要一只钱包来着""我对包就那样，其实我更喜欢鞋子。爱马仕的鞋子最好看了，它家经典款我都有"时，你心中就会不由自主地产生反感。

如果几个人纷纷讲述自己的悲惨经历来寻求安慰，往往更容易引起共鸣，认为对方理解自己的感受。这就是为什么经常在晚上看到网友说自己现在已经欠了很多债了，楼下很多评论都是负债累累，而且一个比一个惨。经历的真假尚且不论，对方的这种经历会让我们顿时觉得心情好多了，毕竟自己不是最惨的。

实战指南

虽说"比惨"是一个不错的安慰，但也要注意以下几点，避免物极必反。

- **比惨不是炫耀**

比惨一定要站在与对方平级或比对方低的点，不然就会有炫耀的嫌疑。比如，对方说："哎呀，真可惜，我英语六级就差2分就合格了。"你如果回答说："嗨，都一样，我准备了好久，雅思也没过，平常心啦。"这就容易让对方感觉你是在炫耀。

所以，我们安慰对方的时候，切入的角度一定要找准。当你的朋友失恋了，你可以安慰说："天塌下来有我顶着呢！你好歹谈过恋爱，比起被拒绝无数次的我来说强多了。"当你朋友的手机摔坏了，你可以安慰说："我上个月把自己的手机弄丢了。"

- **比惨不是嫌弃**

很多人的比惨式安慰之所以让人反感，是因为相同的遭遇没发生在自己身上，而且言语之中带有轻视。比如，有人抱怨自己扭伤了腿，活动特别不方便。如果你回答说："这种小事算什么啊，还有没腿的人，人不照样活得好好的。"

这种比惨表面上是安慰，实际上是想让对方闭嘴，潜台词是：您快别说了，我一点都不想听。

总而言之，当一个人焦虑的时候，如果遇到一个说"其实我比你还惨"的人时，他的内心多多少少都有一些宽慰。所以，当我们能够成功避免比惨式安慰的误区，就能够更好地安慰别人了。